L'INFANTERIE DE MARINE

ET LES

TROUPES COLONIALES

ALLEMANDES

Extrait de la **Revue militaire**

L'INFANTERIE DE MARINE

ET LES

TROUPES COLONIALES

ALLEMANDES

Par le Capitaine DUPORT

PARIS

LIBRAIRIE MILITAIRE R. CHAPELOT et Cᵉ

IMPRIMEURS-ÉDITEURS

SUCCESSEURS DE L BAUDOIN

30, Rue et Passage Dauphine, 30

1900

L'INFANTERIE DE MARINE

ET LES

TROUPES COLONIALES ALLEMANDES

Le 19 décembre 1897, un navire du Lloyd allemand, le *Darmstadt*, quittait Wilhelmshafen, emportant à Kiao-tchéou, la nouvelle possession allemande en Asie orientale, un bataillon d'infanterie de marine au complet, cadres et troupe. Ce fait était digne de remarque : c'était la première fois, en effet, qu'une fraction constituée de *cette importance quittait la métropole pour aller tenir garnison au delà des mers.*

Il y a cependant près de vingt ans déjà que l'Allemagne est entrée dans la voie de l'expansion coloniale, et, dans cet espace de temps relativement court, elle a pu s'assurer en Afrique d'importantes possessions. Mais elle n'a jamais oublié que ses préoccupations essentielles ne sauraient être de ce côté, et que les forces de l'empire allemand ne devaient pas risquer de se diminuer dans des entreprises lointaines.

On sait d'ailleurs avec quelle prudente réserve elle a procédé. Elle n'a consenti à s'occuper des colonies, qu'après avoir établi sur des bases sérieuses sa situation en Europe, et même le résultat était déjà acquis que Bismarck disait encore : « Nous autres, Allemands, si nous avions des colonies, nous ressemblerions aux nobles de Pologne : ils ont des fourrures d'hermine et pas de chemise dessous ».

Depuis longtemps, l'Allemagne est beaucoup plus confortablement vêtue que les nobles de Pologne, et le luxe de posséder des colonies n'est pas au-dessus de ses moyens. Mais elle a su fort sagement jusqu'ici résister aux entraînements de ce luxe, et elle entend avant tout qu'il ne lui coûte pas cher.

Au début de la conquête de l'Est africain allemand, les équipages de quelques navires de guerre avaient dû intervenir comme compagnies de débarquement, au cours d'une chaude affaire, pour dégager les soldats du major Wissmann et rétablir le succès ; ils éprouvèrent des pertes assez sérieuses, et aussitôt, l'Amirauté s'empressa d'interdire toute participation des équipages aux combats livrés à terre.

Pour pouvoir conserver les possessions acquises et au besoin les étendre, il fallait bien cependant disposer d'une force armée suffisante. On devine que l'Allemagne a dû avoir recours à des troupes spéciales, en évitant, autant que possible, de faire des emprunts aux effectifs de la métropole. Elle a en effet constitué ses troupes coloniales au moyen d'éléments *indigènes*, auxquels elle s'est contentée de donner des cadres européens ; ce sont les *Schutztruppen* (troupes de protectorat) dont la mission est de maintenir l'ordre public dans les colonies et d'assurer leur sécurité.

Ce sacrifice, bien léger d'ailleurs, une fois accompli, l'Allemagne n'en a point voulu consentir d'autre, et son *infanterie de marine* est restée, comme par le passé, disponible pour concourir, avec les autres troupes de l'empire, au maintien de l'intégrité du territoire. C'est là sa mission *exclusive*, qu'elle remplit sur terre et sur mer : à terre, elle contribue à assurer la protection des côtes et elle a la garde des ports de guerre ; à bord des navires, elle est chargée du combat de mousqueterie, remplissant ainsi le rôle de nos fusiliers marins.

Il existe donc une différence bien nette entre les *troupes coloniales* et l'*infanterie de marine*, conséquence naturelle du principe dont on ne s'est jamais départi, de réserver toutes les forces de l'empire pour une action en Europe. Les *Schutztruppen*. troupe *indigène* sous des chefs allemands, supporteront les rigueurs des climats malsains pour défendre le domaine *colonial* de l'empire ; l'*infanterie de marine*, troupe de la *métropole*, agira sur les côtes de la patrie, concourant au but commun, ou sur le pont des navires, d'où elle ne descendra plus pour courir les chances des combats sur les terres inhospitalières des colonies, champ d'action exclusif des *Schutztruppen*.

L'envoi d'un bataillon d'infanterie de marine pour tenir garnison à Kiao-tchéou ne saurait donc constituer qu'une exception imposée par les circonstances ; peut-être, d'ailleurs, est-elle plus apparente que réelle, et il ne semble pas, en tout cas, qu'on y doive voir encore une dérogation au principe respecté jusqu'alors.

Comme on peut le prévoir par ce qui vient d'être dit, l'*infanterie de marine* est née dès que l'Allemagne a eu une marine et des ports de guerre ; les *Schutztruppen* n'ont paru qu'après la constitution du domaine colonial allemand.

Comment se sont développés ces deux organes de la puissance militaire de l'Allemagne, et quelle est, à l'heure actuelle, leur organisation et leur force : tel est l'objet du présent travail.

PREMIÈRE PARTIE

L'INFANTERIE DE MARINE

I. — Historique de l'infanterie de marine (1).

L'histoire de l'*infanterie de marine* est intimement liée à celle de la marine ; née avec elle, elle a subi les mêmes vicissitudes, et, au cours de cet exposé, on sera naturellement amené à suivre le développement de la puissance maritime allemande pour montrer les différentes étapes parcourues par l'infanterie de marine.

1° Organisation, instruction, service.

La guerre de Trente ans avait consommé la ruine de la ligue hanséatique, qui, du XIIe au XIVe siècle, avait été la protectrice du commerce allemand et avait assuré la défense des côtes. Avec cette ligue, la marine allemande disparut.

Dans la deuxième moitié du XVIIe siècle, Frédéric-Guillaume, le Grand Électeur, entreprit de doter son pays d'une armée et d'une marine. Il savait combien le commerce contribue à la prospérité d'un peuple, et pour favoriser son développement, il voulut d'abord avoir une flotte.

Aidé dans son œuvre par l'armateur hollandais Ben-

---

(1) D'après l'ouvrage : *Die Marine-Infanterie*, par le premier lieutenant Heye.

jamin Raule, il put disposer, au commencement de 1680, de 28 navires et de 502 marins.

Le bataillon de marine sous le Grand Électeur. — Mais ces marins, chargés seulement de la manœuvre et de la conduite du navire, ne suffisaient pas. Il fallait pouvoir combattre le cas échéant et, par suite, avoir à bord un élément capable de remplir ce but. Aussi, lorsque, au mois de juillet 1680, on équipa des navires à destination des côtes de Guinée, un ordre du Grand Électeur prescrivit de prélever, sur les troupes à pied stationnées en Prusse, 20 bons *mousquetaires*, en bon état de santé, pour être embarqués sur les deux navires en partance.

Ces 20 mousquetaires sont les ancêtres de l'*infanterie de marine*.

Dans l'été de cette même année 1680, 5 navires furent équipés pour être envoyés contre l'Espagne, et chacun d'eux comptait dans son équipage un détachement de *soldats d'infanterie*. C'est ainsi que le vaisseau amiral, le *Frédéric-Guillaume*, avait à son bord : 1 porte-épée, 2 sous-officiers, 39 mousquetaires.

Ces soldats devaient, d'après les instructions qui les concernaient, apprendre le service du bord, de manière à arriver petit à petit à aider les matelots, parce que l'on était disposé à les employer en tout temps dans la marine.

Poursuivant l'idée de favoriser le développement du commerce, le Grand Électeur avait créé, en 1682, une compagnie de commerce pour le trafic avec les côtes de Guinée. Son siège fut établi, en 1684, à *Emden*.

Il devint alors utile de doter cette ville d'une garnison qui pourrait fournir aux navires de guerre les détachements d'infanterie à embarquer à leur bord. Dans ce but, le 1er octobre 1684, fut créé, pour le service de la compagnie africaine, une *compagnie de marine*, à l'effectif de 1 capitaine, 1 lieutenant, 1 porte-épée, 100 hommes. Dès 1685, cettre troupe prit le nom de *bataillon de marine* et dut fournir, non seulement l'élément militaire de l'équipage, mais aussi les postes destinés à la garde des forts dans l'Ouest africain.

L'œuvre du Grand Électeur ne lui survécut pas. En 1720, Frédéric-Guillaume Ier vendit à la Hollande les établissements prussiens de l'Ouest africain; le *bataillon de marine* d'Emden, qui avait compté jusqu'à 4 compagnies, fut réduit à 2 compagnies en 1692; en 1744, il devint bataillon de place, après avoir été fusionné avec une compagnie de la Frise orientale; enfin, en 1757, il fut dissous.

Pendant les 134 années qui suivirent la mort du Grand Électeur, la Prusse n'eut pas de marine de guerre.

Création de la marine prussienne. — En 1815 seulement, après être entré en possession de la Poméranie suédoise, Frédéric-Guillaume III reprend l'œuvre du Grand Électeur; de 1829 à 1837 surtout, il s'efforce de créer une flotte et de faire entreprendre sur les points importants des côtes les travaux fortifiés nécessaires pour leur défense. Mais la Prusse n'était pas riche, et les projets du roi ne purent être réalisés faute d'argent.

On ne se découragea cependant pas : les règlements maritimes des puissances étrangères furent traduits, on arriva à construire deux canonnières et à armer une corvette à voiles, l'*Amazone*.

Mais il fallut la pression du blocus danois en 1848, pour donner une impulsion sérieuse aux questions qui concernaient la marine.

Malgré sa puissance, la Prusse, privée d'une marine de guerre, était sans forces contre la flotte danoise, qui pouvait lui causer de graves préjudices en bloquant ses ports et en ruinant son commerce maritime.

Les différents États de la Confédération n'avaient pu

arriver à s'entendre pour créer une marine allemande :
la Prusse se décida aussitôt à agir pour son compte.

Le 5 septembre 1848, un ordre de Frédéric-Guillaume IV soumit au ministre de la guerre les affaires
concernant la flottille des côtes, et institua une *Commission de la marine* sous la direction du prince Adalbert
de Prusse.

Ce jour-là, on put dire que la marine prussienne
était née : le prince Adalbert assigna à ses efforts persé-
vérants le but de combler la lacune dont son pays souf-
frait, en lui donnant une véritable flotte de guerre ; il sut
y réussir.

On manquait de tout pour lutter contre le Danemark :
ports, vaisseaux, personnel, chantiers de construction, etc. La commission s'occupa d'abord de compléter
la flottille de canonnières et de chaloupes, chargée d'assurer la protection des côtes. Pour remplacer les soldats
de marine qui manquaient, elle fit comme du temps du
Grand Électeur, elle employa des *détachements d'infanterie*.

La Prusse parvint ainsi à empêcher le blocus complet
des côtes de la Baltique.

Le corps de mariniers et le « seebataillon ». — *Le corps
de la marine*, formé dans ces circonstances, avait fourni
les équipages des canonnières et chaloupes : c'était un
composé d'éléments hétérogènes, matelots volontaires
ou soumis au service, bombardiers, artilleurs, gens des
côtes, etc. (1). La paix venue, on mit un peu d'ordre
dans ce chaos, et le corps de la marine se dédoubla en
corps de matelots (matrosenkorps) et *corps de mariniers*
(marinierkorps).

-----

(1) Les officiers provenaient soit de l'armée de terre ou de la marine
du commerce, soit des armées étrangères.

Cette séparation était nécessaire pour avoir à bord les éléments nécessaires à la conduite du navire et au combat. Le service des bâtiments à voile ne permettait pas, en effet, aux matelots, de remplir ce double but.

Le *corps de matelots* (qui correspondait aux divisions de matelots actuelles) devait comprendre le personnel purement maritime qui serait constitué, pour la plus grande part, par des *engagements volontaires*.

Le *corps de mariniers* devait se recruter dans les conditions ordinaires de l'armée de terre au moyen d'*incorporations annuelles*, à des époques déterminées. C'est lui qui devait fournir aux navires les détachements chargés du combat de mousqueterie; en même temps, à terre, il devait assurer la garde des établissements maritimes. En outre, pour soulager les matelots, on lui confia le service de rameurs.

Il était subordonné au commandement de la marine de *Stettin*, et comptait *deux* compagnies présentant l'effectif ci-après :

    1 officier supérieur, avec 1 second lieutenant comme adjutant ;
    1 payeur adjoint et 1 commis aux écritures ;
    2 capitaines, 2 premiers et 4 seconds lieutenants ;
    2 feldwebels ;
    8 sergents (y compris le capitaine d'armes), 10 sous-officiers
   40 gefreite ;
   18 tambours et clairons ;
  260 mariniers ;
    2 médecins aides-majors.

Le *corps de mariniers* tenait garnison à *Stralsund*, et était placé sous les ordres d'un ancien commandant de pionniers, le major *Gäde*.

Le 13 mai 1852, ce corps reçut le nom de *seebataillon* (bataillon de marine) et fut transféré à *Swinemünde ;* les hommes furent désignés sous la dénomination de *seesoldaten* (soldats de marine).

Ces hommes (d'après l'ordre du 4 avril 1854) devaient provenir de la levée annuelle d'un contingent soumis aux obligations militaires, et prélevé sur *toutes* les régions de corps d'armée, en choisissant spécialement les jeunes gens qui exerçaient leur métier sur mer ou sur les cours d'eau.

L'effectif de paix de chaque compagnie était fixé ainsi qu'il suit :

1 capitaine, 1 premier et 2 seconds lieutenants, 1 porte-épée fähnrich, 4 sergents, 9 sous-officiers, 5 tambours et clairons, 16 gefreite, 112 soldats : en tout 148 hommes de troupe. Le passage du pied de paix au pied de guerre était obtenu par l'incorporation de 4 sous-officiers et 98 soldats.

En outre des conditions imposées aux sous-officiers de l'armée de terre, les sous-officiers du *seebataillon* devaient posséder certaines connaissances sur le service des pièces, et les sergents devaient avoir servi trois mois à la mer.

Les officiers durent d'abord être titulaires du certificat délivré par une *commission nationale d'examens*. Cette condition fut supprimée en 1857. Les attributions du *seebataillon* consistaient à assurer le service de place dans les ports de guerre, le service de garde dans les établissements maritimes, à être employé au service de la flotte et dans les débarquements.

Le service à bord était réglé comme il suit : « Le « détachement de *seesoldaten* fait partie de l'équipage, « et, en cette qualité, est sous les ordres du comman- « dant du navire et de l'officier de quart, quel que soit « le grade du commandant du détachement. Celui-ci a, « vis-à-vis de ces derniers officiers, les mêmes rapports « que les autres officiers du navire. Le détachement doit « fournir les postes militaires du bâtiment, être employé « comme le reste de l'équipage, au service des batteries « et, en outre, à certains travaux de matelots.

« Le commandant du détachement dirige les exer-
« cices exécutés avec le fusil et le sabre, et conduit les
« troupes de débarquement. Il peut aussi, suivant les
« ordres du commandant du navire, être appelé à
« apprendre aux matelots l'emploi du fusil et du sabre.
« Pendant le combat, il a sous ses ordres les hommes
« désignés pour l'exécution des feux de mousqueterie. »

Les prescriptions relatives à l'instruction et au service de l'infanterie étaient applicables au *seebataillon*.

Tous les ans, il devait envoyer deux sous-officiers et
deux gefreite au bataillon d'instruction de *Potsdam* où
l'on détacha aussi à plusieurs reprises des officiers ;
un officier et trois sous-officiers au détachement de
pionniers de *Dantzig* pour une période de huit semaines.

Le *seebataillon* était inspecté par le général commandant la brigade d'infanterie le plus voisin.

Enfin, pour satisfaire aux besoins de la mobilisation
on créa, en 1856, le corps d'officier de *seewehr*, qui
comprenait les officiers de *seewehr* de la flotte et de *seewehr* du *seebataillon*. Il était composé d'anciens officiers,
encore susceptibles de servir et soumis aux obligations
de la loi du 3 septembre 1834 ; dans la *seewehr* du *seebataillon*, il pouvait y avoir aussi des anciens volontaires
qui avaient fait preuve des aptitudes nécessaires pour
remplir un emploi d'officier.

Premiers accroissements du seebataillon. — Voilà donc
l'infanterie de marine définitivement créée, complètement
organisée, et le rôle qu'elle doit remplir est bien défini.

La marine va maintenant l'entraîner dans son développement, et nous allons voir se succéder les transfor-
mations, qui auront pour but de mettre le *seebataillon*
en état de satisfaire à des exigences de service toujours
croissantes.

Dès 1853, on crée une 3ᵉ compagnie, qui porte l'effectif du *seebataillon* aux chiffres suivants :

> 14 officiers ;
> 34 sous-officiers : 3 feldwebels, 3 fähnrichs, 12 sergents, 16 sous-
> officiers ;
> 40 gefreite ;
> 15 tambours et clairons :
> 335 soldats.

En tout, 424 hommes de troupe.

L'effectif de la compagnie est de 125 hommes (112 soldats, 13 gefreite), et, parmi les sous-officiers, il y a un porte-épée fähnrich, dont la place peut être vacante : il n'y a, en effet, encore aucune réglementation bien établie pour le recrutement des officiers du *seebataillon*.

Le *Seebataillon* détache à cette date à bord des vaisseaux :

4 officiers, 5 sergents, 5 sous-officiers, 15 gefreite, 7 tambours et clairons, 88 soldats.

Le port de *Dantzig* va devenir un port de guerre important ; le commandement de l'arrondissement maritime y est établi, et c'est là que s'arment la plupart des vaisseaux de guerre à bord desquels le *seebataillon* doit fournir des détachements. Aussi, dès 1854, la 1ʳᵉ compagnie d'abord, puis la 2ᵉ quittent *Swinemunde*, pour aller tenir garnison à *Dantzig* ; enfin en 1855, les trois compagnies y sont réunies, et on ne laisse à *Swinemunde* qu'un détachement, composé de 1 officier, 1 sous-officier, 3 gefreite, 26 hommes.

On avait déjà senti le besoin de pouvoir disposer d'une unité spéciale pour le service des pièces dans les batteries de côte ; en 1857, on crée une *compagnie d'artillerie de marine* (*seeartillerie*) pour assurer ce service, et on la rattache au *seebataillon*. Elle comprenait :

> 1 capitaine, 1 premier lieutenant, 2 seconds lieutenants ;
> 1 feldwebel, 1 chef artificier, 4 artificiers, 9 sous-officiers ;
> 12 bombardiers, 16 gefreite ;
> 3 clairons ;
> 102 canonniers.

Les officiers provenaient de l'artillerie de terre et devaient y revenir après un séjour de 3 ans dans la *seeartillerie*.

En 1859, on a achevé les travaux du port de guerre de *Dantzig*; dans la baie de la Jade, nouvellement acquise, on a commencé la construction d'un port de guerre pour la mer du Nord; de nouveaux chantiers sont ouverts; deux vaisseaux de guerre, les corvettes *Arcona* et *Gazelle* et deux avisos à vapeur, sont sur le point d'être lancés.

Une 4ᵉ compagnie est alors donnée au *seebataillon*, en prélevant 98 hommes sur les trois autres et en appelant des hommes de remplacement pour compléter son effectif; on forme en même temps une 2ᵉ compagnie de *seeartillerie*.

En 1861, Guillaume Iᵉʳ monte sur le trône; il entend mettre la Prusse en état de se mesurer avec avantage, le cas échéant, avec les puissances européennes. Aussi ses efforts ne se concentrent-ils pas exclusivement sur l'armée de terre, il les étend à la marine.

Il voudrait hâter l'achèvement des navires en chantier, construire des cuirassés, créer un port de guerre sur les côtes de *Rügen*. La Chambre des députés refuse de seconder les projets du roi.

Il faut se contenter d'améliorer l'organisation de la marine; le *ministère de la marine* est créé à côté du *commandement supérieur*. Les chantiers de construction, les dépôts passent sous la dépendance directe du nouveau ministère; la division de matelots et de mousses, la division de chantiers, ainsi que le *seebataillon*, dépendent du commandant de l'arrondissement maritime.

La guerre de 1864 montre l'insuffisance de la marine prussienne. Il était nécessaire de la mettre au plus vite en état de protéger le commerce, de défendre les côtes et de maintenir, dans toutes les éventualités, le prestige de la Prusse auprès des nations que l'on ne pouvait atteindre que sur mer.

Aussi, dès la conclusion de la paix, Guillaume Ier s'empresse de présenter à la Chambre des députés un *plan pour le développement de la marine prussienne*. De nouveau, l'accord ne peut se faire entre le gouvernement et les députés, et ce ne fut qu'au prix d'une dissolution du Landstag que le roi put obtenir la création d'un grand établissement maritime dans les eaux des duchés de l'Elbe.

Par la convention de *Gastein* (14 août 1865), la Prusse avait obtenu le droit d'élever des fortifications à *Kiel* et de les occuper. Elle entendait bien ne jamais se dessaisir du grand port : elle commença par y faire stationner d'une manière permanente ses plus grands navires, elle y transporta la division de matelots de la Baltique et y installa un dépôt provisoire de la marine.

La forteresse maritime de *Friedrichsort* fut remise en état, et, le 24 juin 1865, les 1re et 3e compagnies du *seebataillon* vinrent l'occuper ; trois mois plus tard, l'état-major, les 2e et 4e compagnies quittèrent à leur tour Dantzig pour aller tenir garnison à *Kiel*.

Développement du seebataillon à la suite des guerres de 1866 et 1870. — Viennent alors les succès remportés par la Prusse en 1866 d'abord, puis en 1870. Les résistances du Parlement tombent devant les victoires de Guillaume Ier, et des ressources disponibles plus importantes permettent de donner satisfaction aux demandes de crédits pour la marine.

Aussi, la marine prussienne progresse rapidement. Elle est devenue, en 1867, « la marine de la Confédération du Nord », et s'est augmentée de vaisseaux de guerre, de cuirassés, capables de lutter sur la haute mer pour tenir l'ennemi loin des côtes de la patrie. Le port de la baie de la Jade est inauguré en 1869, et reçoit le nom de Wilhelmshafen.

En même temps, le *seebataillon* s'augmente : une cinquième compagnie est créée. La *seeartillerie* devient une unité indépendante, après la création d'une troisième compagnie de *seeartilleurs*.

Le mode de recrutement des officiers est modifié : dorénavant, ils seront prélevés sur les officiers de l'armée de terre, comptant au moins 2 ou 3 ans de service de troupe et présentant les aptitudes nécessaires ; après un séjour de quelques années dans le *seebataillon*, ils rentreront dans leur arme d'origine. Par suite, les places de porte-épée fähnrich sont supprimées.

En 1871, la marine de la Confédération du Nord devient « la marine de l'Empire allemand », dont le chef suprême est l'Empereur ; le *ministère de la marine* devient « l'Amirauté impériale », et une organisation plus développée de la marine entre en vigueur.

La flotte est encore augmentée : deux divisions de matelots, deux divisions de chantiers, soumises à une inspection de la marine, sont organisées à *Kiel* et à *Wilhelmshafen*.

Le *seebataillon* participe à ce mouvement de progrès : une *sixième* compagnie est formée, et, pour satisfaire aux exigences du service dans les deux grands ports allemands, il faut séparer le *seebataillon* en deux fractions : les 1re et 2e compagnies vont à Wilhelmshafen ; les quatre autres restent à *Kiel*.

Une modification est apportée en même temps dans l'emploi à bord des détachements de *seesoldaten* : on les *supprime* sur les corvettes, on *augmente* leur nombre sur les cuirassés. La vapeur a maintenant remplacé la voile, et les progrès de la navigation, en simplifiant les manœuvres techniques des matelots, permettent de leur donner une meilleure instruction militaire. Aussi les corvettes, chargées parfois d'une mission politique, peuvent trouver dans leurs équipages, mieux exercés au point de vue militaire, les ressources suffisantes pour constituer une troupe de débarquement.

A bord des cuirassés, au contraire, l'importance des feux de mousqueterie est considérable pendant les courts instants où les vaisseaux ennemis sont près l'un de l'autre. Un feu bien ajusté peut produire des résultats décisifs à ce moment ; pour cela, on a recours aux *seesoldaten*, à qui on peut donner une instruction complète du tir, et dont la ferme discipline doit permettre au chef de conserver la direction du feu dans le trouble du combat.

Ces *seesoldaten* continueront à prendre part au service de quart et formeront, le cas échéant, le noyau des troupes de débarquement.

Pour les manœuvres et les exercices à bord des cuirassés, chaque *seesoldat* a une place fixe et un rôle déterminé. Il reçoit à cet effet un numéro, reproduit à la tête de son hamac, et qui lui assigne sa place et son rôle dans toutes les circonstances du service.

A bord, les *seesoldaten* sont aussi employés dans les magasins à munitions, ils remplissent les fonctions d'*aides* dans la manœuvre des pièces, dont le service exige maintenant des connaissances spéciales. — Pour assurer leur instruction dans cette dernière partie, on envoie tous les ans, pendant quatre semaines, deux officiers et six sous-officiers à bord du *Mars*.

A terre, le *seesoldat* est exercé au service des pièces de place et de côte. Cette mesure a pour but de soulager les *canonniers marins*, qui, dans les premiers temps de la mobilisation, seront absorbés par le service des barrages et des torpilles. Aussi, chaque année, des officiers et des sous-officiers du *seebataillon* sont-ils détachés dans la *seeartillerie*, pour y recevoir une instruction spéciale, et, en cas de besoin, pouvoir prendre le commandement d'une batterie ou d'une pièce.

On voit quel est le but de cette organisation : la marine s'efforce d'assurer, avec ses propres moyens, la défense des fortifications côtières qui lui est confiée, en évitant, autant que possible, de faire des emprunts aux effectifs de l'armée de terre. Cette armée, en effet, doit pouvoir disposer de toutes ses forces pour agir, en cas de guerre, soit vers l'Est, soit vers l'Ouest, avec cette confiance qu'elle est couverte du côté de la mer. A la flotte revient la mission de la protection des côtes sur mer, et les *seesoldaten* et *seeartilleurs* doivent assurer la garde des points du littoral où les navires de guerre peuvent venir réparer leurs avaries et se mettre à l'abri. Ces différents organes, placés sous un commandement unique, peuvent, dès le temps de paix, se préparer à leur rôle.

Instruction du seebataillon. — Examinons maintenant dans quelles conditions les *seesoldaten* recevaient l'instruction qui devait leur permettre de satisfaire aux multiples exigences de leur service.

En novembre de chaque année, le bataillon reçoit ses recrues, provenant de toute l'étendue de l'Empire allemand, à l'exception de la Bavière et du Wurtemberg. Les jeunes soldats doivent avoir le développement physique nécessaire pour le service des pièces lourdes de la marine ; le minimum de taille est de $1^m,67$.

Les dispositions en vigueur dans l'infanterie de l'armée de terre, pour le service et l'instruction, sont applicables au *seebataillon*.

L'instruction des recrues doit être terminée au mois de février. Pendant la durée de cette instruction, les classes plus anciennes sont exercées d'une manière spéciale à leur service à bord des navires, ainsi qu'au service des pièces. En général, au mois d'août, on embarque les détachements à fournir à bord ; ces détachements prennent part aux exercices d'escadre, et sont débarqués au mois de novembre.

L'instruction du tir est l'objet du plus grand soin. Aux exercices de tir à la cible, succèdent des tirs en mer et des tirs sur buts flottants. A la fin de la période d'instruction a lieu l'exécution solennelle d'un tir sur but flottant avec le canon de 9^{cm}.

Des exercices de rameurs, d'embarquement et de débarquement, font acquérir aux hommes les qualités nécessaires aux troupes de débarquement. Les exercices de pionniers alternent avec les exercices de service en campagne. La gymnastique, l'escrime à la baïonnette, la natation entretiennent la santé et développent l'adresse du *seesoldat*. Enfin, dans le courant du mois d'août et du mois de septembre, les manœuvres contre l'escadre d'évolution sont le couronnement de l'instruction.

Organisation de 1886. — On a vu que, dès 1871, les 1re et 2e compagnies du *seebataillon* avaient été envoyées à Wilhelmshafen; depuis cette époque, Geestemünde était devenu une station de la mer du Nord qu'il fallait garder en temps de guerre; afin d'avoir à proximité les troupes nécessaires, on fit venir, en 1886, la 4e compagnie à Wilhelmshafen.

Le *seebataillon* se trouva alors fractionné en deux parties égales de trois compagnies : à Kiel et à Wilhelmshafen, séparées par une assez grande distance; il était rationnel de mettre chacune d'elles sous un commandement spécial. C'est ce qui fut décidé le 7 septembre 1886.

A partir du 1er octobre de cette même année, le *seebataillon* fut séparé en deux demi-bataillons de trois compagnies, dont l'un, le 1er, fut stationné à *Kiel;* l'autre, le 2e, à *Wilhelmshafen*. Le commandant du *seebataillon*, qui avait sous ses ordres ces deux fractions,

exerçait en même temps le commandement effectif du
1er demi-bataillon; le commandement du 2e demi-bataillon était confié au plus ancien commandant de compagnie des troupes de marine de *Wilhelmshafen*, qui
conservait en même temps les fonctions de son grade.
On lui donnait les droits et les attributions d'un commandant de bataillon non indépendant.

A cette époque, le *seebataillon* présentait les effectifs
suivants :

1er *demi-bataillon*.

1 officier supérieur ;
4 capitaines, 3 premiers lieutenants, 10 seconds lieutenants ;
1 armurier, 4 feldwebels, 3 vice-feldwebels, 1 chef de musique,
     16 sergents, 43 sous-officiers ;
69 gefreite, 15 musiciens, 370 soldats.

2e *demi-bataillon*.

4 capitaines, 3 premiers lieutenants, 9 seconds lieutenants ;
1 armurier, 3 feldwebels, 3 vice-feldwebels, 16 sergents, 33 sous-
     officiers ;
51 gefreite, 15 musiciens, 363 soldats.

Au total : 34 officiers, 2 armuriers, 1005 sous-officiers et soldats.

Organisation de 1889. — Enfin, en 1889, les demi-
bataillons furent transformés en bataillons.

L'ordre du 13 mars 1889, qui prescrit cette modification, contient les dispositions suivantes :

Chaque demi-bataillon doit former un *bataillon indépendant* à quatre compagnies, le 1er tenant garnison à
Kiel, le 2e à *Wilhelmshafen*. Les deux bataillons se dis-
tingueront par un numéro qui sera porté sur la patte
d'épaule de la tunique des hommes.

Le commandant de chaque bataillon aura les droits
d'un commandant de division de matelots pour la juridiction inférieure et l'envoi en congé. Dans chaque
bataillon sera constitué un tribunal d'honneur pour les
capitaines et officiers subalternes.

Les deux bataillons seront placés sous l'autorité d'une *inspection de l'infanterie de marine*. Cette inspection comprendra un inspecteur, un premier lieutenant comme adjutant et le personnel subalterne nécessaire. L'inspecteur aura rang de commandant de régiment; il pourra être élevé au rang de commandant de brigade. Ses pouvoirs sur les deux bataillons d'infanterie de marine seront ceux d'un commandant d'arrondissement maritime.

L'inspection de l'infanterie de marine aura son siège à *Kiel* et dépendra du commandant de l'arrondissement de la Baltique.

Ces dispositions furent mises en vigueur dès le 1er avril 1889; à cette date on procéda, dans chaque demi-bataillon, à la création d'une 4e compagnie, par prélèvement sur les trois autres, et de manière à ce que les unités nouvellement créées comprennent des hommes des trois classes. Le déficit fut comblé par le rappel de soldats en congé et par l'incorporation de volontaires de trois ans.

A la suite de l'application des dispositions précédentes, l'effectif de l'infanterie de marine fut le suivant:

a)   1 inspecteur d'infanterie de marine.

b) 1er *bataillon.*

    1 officier supérieur commandant le bataillon;

    5 capitaines, 5 premiers lieutenants (dont 1 adjutant de l'inspecteur), 9 seconds lieutenants;

    1 armurier;

    8 feldwebels, 4 vice-feldwebels, 1 chef de musique, 20 sergents, 51 sous-officiers;

    83 gefreite, 20 tambours et clairons, 425 soldats.

Total (*a* et *b*) : 21 officiers, 613 hommes.

c) 2e *bataillon.*

    1 officier supérieur commandant le bataillon;

    5 capitaines, 4 premiers lieutenants, 9 seconds lieutenants;

    8 feldwebels, 4 vice-feldwebels, 21 sergents, 50 sous-officiers;

    69 gefreite, 20 tambours et clairons, 421 soldats.

Total (*c*) : 19 officiers, 593 hommes.

L'effectif total de l'infanterie de marine était : 40 officiers, 1206 hommes (168 sous-officiers et 1038 soldats).

2° Rôle de l'infanterie de marine dans les guerres et expéditions de la Prusse.

1850. — *Mobilisation du corps de mariniers.* — En 1850, l'Allemagne traversa une période critique, qui amena la mobilisation de toute l'armée prussienne.

Le *corps de mariniers,* qui comptait en temps de paix 2 compagnies, fut porté à 4 compagnies, présentant ensemble un effectif de 1.002 hommes, avec une compagnie de dépôt de 150 hommes. Les officiers qui manquaient durent être prélevés sur l'armée de campagne ou la landwehr.

Les craintes de guerre se dissipèrent, avant que la mobilisation fut terminée. Le *corps de mariniers* n'atteignit que l'effectif total de 354 hommes; il lui manquait encore 798 réservistes pour arriver au chiffre fixé. — Dès janvier 1851, il fut ramené à son effectif de paix de 2 compagnies.

1856. — *Expédition contre les pirates du Rif.* — Au mois de juillet 1856, la corvette à vapeur « Danzig », portant pavillon du prince Adalbert de Prusse, alla châtier les pirates du Rif, qui avaient capturé un vaisseau de commerce allemand. Elle avait à son bord un détachement de *seesoldaten* qui fournit 1 officier, 1 sous-officier, 3 gefreite, 20 soldats, à la fraction débarquée au cap de *Tres-Forcas.* La troupe gravit courageusement un rocher abrupte, occupé par les pirates, et leur fit éprouver des pertes sérieuses. Devant leur grand nombre, elle dut cependant se retirer. Elle avait 7 morts et 22 blessés; le détachement du *seebataillon* pour sa part avait perdu 1 gefreite, et 7 seesoldaten étaient blessés. Le prince Adalbert était parmi les blessés.

1859. — *Guerre austro-française.* — Au moment de la guerre entre la France et l'Autriche, la Prusse mobilisa son armée et sa marine. Les compagnies du *seebataillon* furent portées, par l'incorporation des réservistes, à l'effectif de 178 hommes ; en même temps, le 1er août, arrivaient 352 recrues, suivies de 120 le 1er octobre.

Mais la guerre se termina rapidement, et dès la fin d'août, l'effectif fut ramené à 890 hommes.

On avait envoyé alors à bord des vaisseaux de guerre, les détachements suivants :

> Frégate *Geffion* : 8 sous-officiers, 2 gefreite, 49 soldats ;
> Frégate *Thétis* : 4　　　—　　　4　—　52　—
> Corvette *Danzig* : 4　　　—　　　3　—　46　—

A la fin de cette même année 1859, une escadre prussienne fut envoyée dans l'Asie orientale, avec une mission à la fois politique et commerciale. Le *seebataillon* avait fourni :

> A bord de l'*Arcona* : 1 second-lieutenant, 3 sous-officiers, 36 soldats.
> A bord de la *Thétis* : 1　　　—　　　4　—　53　—

Cette croisière dura deux années.

1864. — *Guerre contre le Danemarck.* — Pour la guerre contre le Danemarck, la marine prussienne disposa des forces suivantes :

> 1) *Flotte* : 23 navires à vapeur comptant 117 pièces.
> 　　　6 canonnières à vapeur ⎫
> 　　22 canonnières à rames ⎭ à 40 pièces.

En tout 157 pièces.

Les canonnières ne pouvaient affronter la mauvaise mer, qui leur faisait perdre beaucoup de leur vitesse, et rendait leur tir presque sans efficacité.

> 2) *Seebataillon* : 22 officiers, 611 hommes ;
> En plus, 2 compagnies de *seeartillerie* : 8 officiers, 304 hommes.

Le *seebataillon* devait se compléter avec des hommes de

la réserve, et recevoir 25 officiers et 382 soldats, tandis
que la *seeartillerie* recevrait 10 sous-officiers et 61 soldats.

Ces forces furent ainsi réparties :

a) *Une escadre,* comprenant :

> La corvette *Arcona,* ayant à son bord : 1 second-lieutenant,
> 3 sous-officiers, 35 hommes ;
> La corvette *Vineta,* ayant à son bord : 1 second-lieutenant
> 5 sous-officiers, 36 hommes ;
> La corvette *Nymphe,* ayant à son bord : 2 sous-officiers,
> 15 hommes.

b) *Une flotille,* divisée en fraction mobile (6 canonnières
à vapeur) et fraction stationnaire (22 canonnières à rames).
A bord de la flotille, il y avait en tout 2 premier-lieutenants, 40 sous-officiers, 406 hommes, fournis partie par
le *seebataillon,* partie par la *seeartillerie.*

Le Danemarck pouvait mettre en ligne 93 navires de
guerre et 1029 pièces.

La partie mobile des forces navales prussiennes devait
être employée à assurer les communications des troupes
alliées qui s'avançaient dans le Schleswig-Holstein. Dans
ce but, on réunit la flotille de canonnières à *Stralsund,* et
l'escadre, qui devait s'opposer au blocus, eut comme port
d'attache *Swinemunde.*

Devant la supériorité des Danois sur mer, la flotte prussienne dut se contenter d'immobiliser leurs vaisseaux, en
les tenant assez éloignés des côtes, pour en empêcher le
blocus complet. Elle livra dans ce but plusieurs combats,
qui furent honorables pour la jeune marine.

Les progrès de l'armée de campagne amenèrent la conclusion de la paix, sans que le *seebataillon* ait eu l'oc-
casion de montrer à terre ses qualités pour le combat.
Dès le mois de juillet, il libéra 125 hommes, et la *seeartillerie* 86 ; à la fin du mois d'août, on revint aux effectifs
de paix.

1866. — *Guerre austro-prussienne.* — La paix conclue

le 30 octobre 1864, contenait les germes d'une nouvelle guerre ; l'accord entre l'Autriche et la Prusse se rompit en effet bien vite, et nous voyons, dès le mois d'avril 1866, le *seebataillon*, tout entier réuni à *Kiel*, commencer à recevoir ses réservistes. Ils arrivaient isolément, car, d'après les conventions établies, la Prusse ne pouvait employer la voie ferrée de *Neumünster* à *Kiel* pour des transports militaires, ce qui obligeait tous les hommes venant de la direction de Hambourg, à voyager isolés, sans former de détachement.

Le 6 mai 1866, fut décrétée la mobilisation des armées de terre et de mer, et le 5 juin suivant, le roi de Prusse proclama la rupture de la Convention de *Gastein*.

Les forces maritimes de la Prusse furent réparties ainsi qu'il suit :

a) Une *escadre*, composée de 5 corvettes et 1 aviso.

b) Une *flotille*, comprenant 1 corvette, 2 cuirassés, et 5 canonnières à vapeur.

c) A l'arrondissement maritime de la Baltique étaient rattachés 2 canonnières, 2 bricks et 1 canonnière à vapeur.

Le *seebataillon*, mobilisé dès la fin de mai, comptait : 22 officiers, 5 feldwebel, 4 porte-épée fähnrich, 16 sergents, 58 sous-officiers, 80 gefreite, 20 musiciens, 700 hommes.

Il fournissait des détachements à bord des corvettes dans les conditions suivantes :

ESCADRE	*Arcona*	1 officier,	3	sous-off.,	36	hommes.
	Hertha	1	—	3	—	36	—
	Gazelle	1	—	3	—	36	—
	Augusta			2	—	15	—
	Victoria			2	—	15	—
FLOTTILLE	*Nymphe*			1	—	15	—
ARRONDISSEMENT MARITIME DE LA BALTIQUE	*Greffon*	1	—	5	—	62	—
	Niobé (frégate).			3	—	21	—

Le reste du bataillon fut employé à la garde des côtes, et réparti entre *Kiel*, *Friedrischsort* et *Laboë*.

On sait combien furent rapides les succès de la Prusse. Le *seebataillon* ne prit part à aucune opération de guerre, et, dès le milieu de septembre, il revint à ses effectifs de paix.

1870. — *Guerre franco-allemande.* — Durant la guerre franco-allemande, le bataillon d'infanterie de marine fut employé à la défense du port de *Kiel;* il fournit en outre, des détachements à bord de quelques navires de guerre.

Il peut être intéressant de rappeler sommairement à ce sujet les dispositions générales prises pour la défense des côtes de la Confédération du Nord ; on examinera en-suite en détail la mobilisation du bataillon d'infanterie de marine et sa répartition dans la baie de *Kiel*.

La défense des côtes fut assurée par le concours de la flotte et des troupes de terre.

Le plan adopté pour l'emploi de la marine reposait en première ligne sur une *action défensive:* la flotte fran-çaise avait en effet une supériorité notable sur les forces navales de la Confédération, et on ne devait pas s'exposer à un échec probable, qui laisserait les côtes exposées presque sans défense à l'invasion de l'ennemi.

D'un autre côté l'établissement militaire de *Wilhelms-hafen*, objectif principal de la défense, tant en raison de son rôle futur que de sa situation aux embouchures de l'Elbe et de la Weser, était encore complètement dé-pourvu de toute organisation défensive.

On réunit donc à *Wilhelmshafen* la partie la plus forte de la flotte, tandis que l'on ne consacrait à la défense de la mer Baltique que des forces moindres pour protéger les ports et points importants des côtes presque tous déjà pourvus d'ouvrages.

Les *forces de terre*, affectées à la défense des côtes, fu-

LA BAIE DE KIEL

en 1870-1871

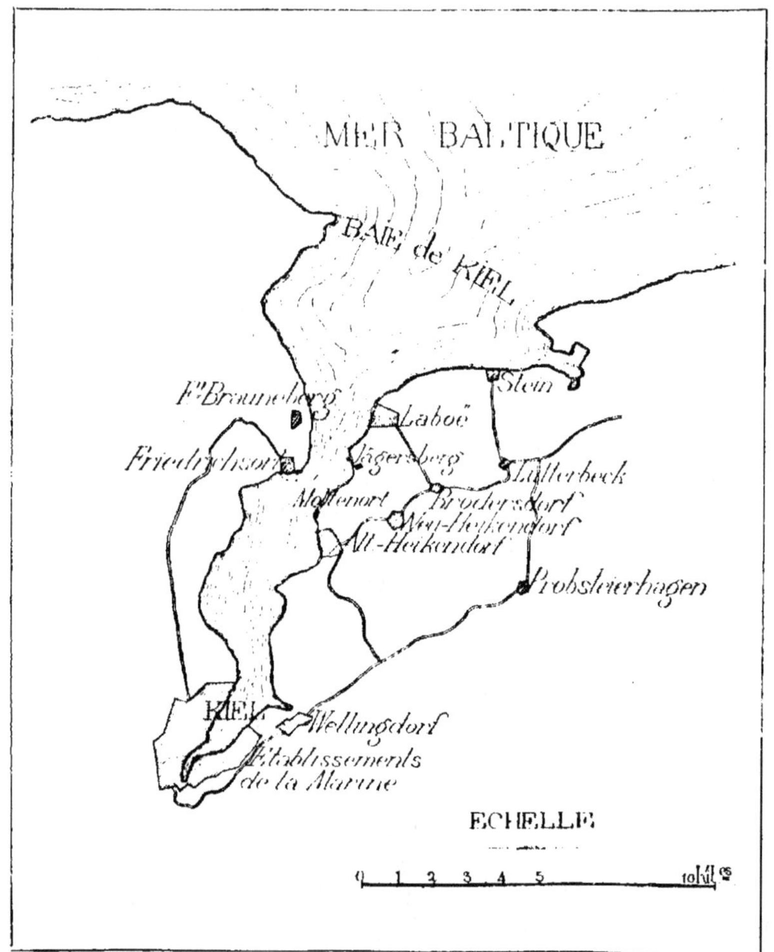

rent employées à fournir les garnisons du littoral, et, en arrière, on disposa aux environs de Hambourg une masse, forte de quatre divisions, répartie de telle sorte que, douze heures au plus tard après la réception d'un ordre de mouvement, les dernières fractions pussent être prêtes à être transportées par chemin de fer.

Le *seebataillon* reçut l'ordre de mobilisation le 17 juillet; la mobilisation devait s'effectuer d'après les tableaux d'effectif du 30 janvier 1869, qui donnaient au *seebataillon*, complété par les hommes de la réserve et de la *seewehr*, les effectifs suivants:

1 commandant, 5 capitaines, 5 premier-lieutenants, 16 second-lieutenants;

5 feldwebel, 30 sergents, 69 sous-officiers;

100 gefreite, 50 musiciens, 1.000 soldats;

Au total, 27 officiers et 1.254 hommes.

Le *seebataillon* devait fournir les cadres d'un *bataillon de réserve* et d'une *compagnie de dépôt*, qui seraient constitués, en hommes, avec les réservistes en excédant.

Ce ne fut que vers le milieu d'août que le bataillon de réserve pût être définitivement constitué à l'effectif de:

22 officiers, 83 sous-officiers, 920 soldats.

On forma aussi une *section d'ouvriers*, comprenant 1 officier, 9 sous-officiers, 175 soldats.

Ce furent ces forces qui servirent, comme on l'a dit, à assurer la garde du port de *Kiel*, et qui fournirent des détachements à bord de quelques navires de guerre.

Ces détachements étaient ainsi constitués:

A bord du *Roi-Guillaume* { 1 capitaine, 8 sous-off., 104 soldats.
1 second-lieuten.
Kronprinz ..... 1 premier-lieut. 5 — 75 —
Frédéric-Charles. 1 — 5 — 75 —

Ces trois navires cuirassés étaient affectés à la défense de la baie de la *Jade*, en avant de *Wilhemshafen*.

Dans la baie de *Kiel*, à bord de la corvette protégée l'*Elisabeth*, il y avait :

1 second-lieutenant, 4 sous-officiers, 41 soldats.

Le reste des forces d'infanterie de marine, bataillon actif et bataillon de réserve, fut affecté à la défense de *Kiel*.

Friedrichsort, la nouvelle forteresse établie sur le *Brauneberg*, et les batteries de la rive est qui faisaient face, commandaient l'entrée du grand port de guerre.

La garnison de *Kiel*, comprenait environ 5,000 hommes, se décomposant ainsi :

Le *seebataillon* (actif et de réserve) ;

6 compagnies de *seeartillerie* ;

1 bataillon de dépôt numéro 36 ;

1 bataillon de landwehr ;

1 demi-escadron de réserve de hussards.

L'infanterie de marine fut répartie de la façon suivante :

Rive ouest : à *Friedrichsort*, les 1re et 4e compagnies du bataillon actif ; les 1re et 2e compagnies du bataillon de réserve.

A *Brauneberg*, la 2e compagnie du bataillon actif.

A *Kiel*, les 3e et 4e compagnies du bataillon de réserve.

Rive est : Le commandant du *seebataillon* lieutenant-colonel de Hœseler, avait le commandement de la rive est. On y trouvait :

A *Neu-Heikendorf*, la 5e compagnie et l'état-major du *seebataillon*.

A *Laboë*, la 3e compagnie et en outre 500 hommes de la division cadre de la flotte, une batterie de débarquement, une batterie de position, 4 hussards.

A *Brodersdorf*, une compagnie du bataillon de dépôt numéro 36.

A *Lütterbeck*, le demi-escadron de hussards de réserve.

A *Probsteierhagen*, un poste de huit hussards.

A *Stein*, un poste de quatre hussards.

A *Jägersberg* et *Möltenort*, on avait construit et armé des retranchements ; entre les deux villages, on avait élevé une batterie (*Waldbatterie*).

Enfin l'entrée du port était solidement barrée, au moyen de barques ancrées et amarrées au rivage, et de lignes de torpilles électriques.

La défense active des barrages était assurée par le vaisseau de ligne *Renown*, la canonnière *Caméléon* et quelques autres canonnières ; tout près de *Friedrichsort* se tenait l'aviso l'*Aigle*, et en arrière la corvette protégée l'*Elisabeth*.

Le service de surveillance était assuré par de fortes patrouilles parcourant le rivage ; sur la rive est, toutes les troupes étaient en cantonnements d'alarme, des sentinelles veillaient sur le littoral jusqu'à Stein ; le soir les pièces étaient chargées.

Le 6 août, vers 3 h. 1/2 du soir, six navires français furent signalés en vue de Friedrichsort ; ils croisèrent quelque temps dans ces parages, puis cinglant vers le nord-nord-ouest, ils disparurent au bout d'une heure.

La flotte française se montra encore aux abords de Friedrichsort le 8 août, et le 17, on fut avisé à Kiel, par télégramme, que l'amiral Boüet préparait un coup de main sur *Kiel* ou *Lübeck ;* il ne fut pas tenté.

Les craintes des Allemands pour leurs côtes furent d'ailleurs vite dissipées ; les succès remportés par leurs armées de campagne retinrent toutes nos forces sur le sol de la France envahie, et, dès le mois d'octobre, on commença à diminuer le service de garde imposé aux troupes ; à la fin de novembre, on envoya en congé quelques réservistes. Les travaux de fortification de

Kiel continuaient néanmoins à être poussés avec activité et les hommes du *seebataillon* y furent employés pendant quelque temps durant huit heures par jour.

Le 27 janvier 1871, l'état-major, les 3e, 4e et 5e compagnies revinrent à *Kiel* tout en restant mobilisées ; les 1er et 2e continuèrent à occuper *Friedrichsort* et *Brauneberg*.

Le 15 mars 1871, on reçut l'ordre de revenir aux effectifs de paix prévus pour 1871 ; le bataillon de réserve fut renvoyé.

De 1872 à 1889. — Expéditions coloniales et autres. — Bien que en 1872, les détachements de *seesoldaten* aient été retirés des corvettes, le bataillon est mêlé à tous les événements militaires intéressants soit par des détachements à bord des cuirassés, soit par des officiers isolés.

À la fin de 1872, une escadre est envoyée sur les côtes de Colombie pour appuyer les revendications d'une société de commerce de Hambourg.

On trouve :

A bord du *Frédéric-Charles*. 1 officier, 6 sous-off., 74 h. du seebataillon.
    de la *Vineta* ...... 1 — 3 — 36 —
    de la *Gazelle*...... 1 — 3 — 36 —

L'apparition de l'escadre allemande suffit pour obtenir la satisfaction à laquelle on n'avait pu arriver par les négociations diplomatiques.

En 1873, après la proclamation de la République en Espagne, une escadre dut aller assurer la protection des sujets allemands en résidence dans ce pays. Le *Frédéric-Charles*, qui faisait partie de l'escadre, avait à son bord le même détachement de *seesoldaten* que l'année précédente.

En 1876, à la suite du meurtre du consul allemand à

Salonique, le contre-amiral Batch est envoyé devant la ville, à la tête d'une escadre qui comprend encore le *Frédéric-Charles*, avec son détachement de *seesoldaten*.

En 1877, nouvel envoi de navires dans la Méditerranée, pour la protection des chrétiens de Syrie contre les violences des Turcs, à la suite de la guerre turco-russe.

Durant la route, une collision se produisit près de Folkestone, entre le *Grand-Electeur* et le *Roi-Guillaume*, — le *Grand-Electeur* sombra, avec 50 *seesoldaten* qui étaient à son bord.

Dès 1880, commence à se manifester en Allemagne le mouvement colonial. Le *Leipzig* et l'*Elisabeth* placèrent sous le protectorat allemand le territoire du *Grand-Namaqualand* (Angra-Pequenna); puis, plus au nord, la canonnière *Wolf*, prit possession de *Cameroun*. Cette prise de possession fut confirmée par le combat heureux livré le 24 décembre 1884 par des troupes débarquées des corvettes *Bismarck* et *Olga*.

En mars 1885, une escadre va protéger la société de commerce de l'est africain-allemand contre le Sultan de Zanzibar, et, en novembre de la même année, le drapeau allemand est planté à *Dar-el-Salam*.

On trouve encore un détachement de *seesoldaten* à bord du *Frédéric-Charles* qui, de concert avec les forces navales des autres puissances, va assurer le maintien de la paix en Grèce en janvier 1886.

En 1888, des troubles survenus dans l'est africain-allemand nécessitèrent l'envoi d'une escadre sur les côtes de Zanzibar. Des troupes de débarquement durent aller soutenir les soldats du major Wissmann, qui pliaient devant les Arabes révoltés. Il y eut de rudes combats à soutenir, et les pertes furent sensibles.

La même année, dans le Pacifique, les équipages de

l'*Olga* et de l'*Eber* livrèrent un combat sanglant aux insurgés des iles de l'archipel *Samoa*.

C'est à la suite des événements de cette année que l'amirauté prescrivit de ne plus faire concourir les équipages aux combats livrés à terre.

3ᵒ Tenue, armement, drapeaux. — Les officiers à la suite du seebataillon.

Tenue. — Les soldats de marine portaient une *tunique* bleu foncé, de même coupe que celle de l'infanterie. Le col était de la couleur du fond ; il était bordé d'un liseré blanc, ainsi que le devant et les pans de derrière de la tunique.

Les pattes d'épaule de drap blanc portaient deux ancres croisées, surmontées de la couronne impériale.

Les *pantalons* étaient de drap bleu foncé, avec passepoil blanc.

La *coiffure* fut d'abord le *casque* de l'artillerie, puis (1862) le *schako* de feutre recouvert de drap bleu avec fausse gourmette, ancre en bronze, et aigle aux ailes déployées ; enfin en 1883, le *seebataillon* reçut un *schako* en cuir verni avec plumet noir (rouge pour les tambours et clairons).

La *casquette* fut au début celle des matelots, sans visière et de couleur bleu foncé, avec liseré blanc et les initiales K. M. (marine royale.) On y adapta ensuite la cocarde prussienne, puis la cocarde nationale. En 1875, le bandeau de la casquette fut blanc, et le fond entouré d'un liseré blanc.

Les *seesoldaten* avaient, pour le service à bord, une veste bleu foncé, à col droit.

Le manteau était celui de l'artillerie de campagne (de couleur grise).

Les officiers portaient aussi une capote bleu foncé à col blanc.

Salut. — Il était prescrit, d'une manière spéciale, que les *seesoldaten* devaient saluer en portant la main à la coiffure, tandis que les matelots enlevaient leur casquette.

Armement. — *Les mariniers* avaient le fusil M. 1828, transformé en arme à percussion.

Le *seebataillon* fut armé en 1857 du fusil à aiguille M. 1841, puis (1862) du fusil M. 1860, et en 1875 de la carabine de chasseurs M. 1875. En 1888, il reçut le fusil d'infanterie M. 1871-84.

Les officiers, qui portaient au début le sabre des fusiliers d'infanterie, reçurent plus tard le sabre de la marine.

Le drapeau du seebataillon. — Au mois de mars 1883, l'Empereur décida de doner un drapeau au *seebataillon*.

La cérémonie solennelle du clouage eut lieu le 19 mars 1883, dans la salle d'armes du palais impérial, à Berlin.

L'Empereur enfonça lui-même le premier clou dans la hampe du drapeau.

Puis remettant le drapeau au commandant du *seebataillon*, il s'exprima ainsi :

« Je vous remets le drapeau du *seebataillon*. Qu'il soit
« toujours porté avec honneur, en paix comme en guerre,
« et au jour du danger, que le *seebataillon* le mène à la
« gloire et à la victoire. »

Le drapeau était blanc, du modèle de ceux de la garde.

Le 1ᵉʳ avril, à Kiel, il reçut la bénédiction du pasteur, et ce jour-là, pour la première fois, il prit place dans les rangs du *seebataillon*. Le bataillon défila avec son drapeau devant les plus hautes autorités de *Kiel*.

Les officiers à la suite du seebataillon. — En 1887, quand fut posée la première pierre du canal de la mer du Nord à la mer Baltique, l'Empereur donna au *seebataillon* une nouvelle marque de sa faveur, en décidant que « le colonel prince Guillaume de Prusse, altesse « royale, et le régiment de hussards de la garde, à la « suite de son 1er régiment de la garde à pied, du « 2e régiment de grenadiers Frédéric-Guillaume IV et « du 1er régiment de landwehr de la garde, serait placé « à la suite du *seebataillon.* »

Le prince Guillaume témoigne sa satisfaction au *seebataillon* dans la lettre suivante :

« J'éprouve une joie et une reconnaissance indicibles « pour la faveur que Sa Majesté m'a faite de me per- « mettre d'appartenir à votre beau corps. Je garderai « toute ma vie la mémoire de cette magnifique journée. « Je prie les camarades du bataillon de recevoir mes « affectueux compliments. »

C'est en souvenir de cette distinction, que Guillaume, devenu empereur, décida en 1888, que les officiers du *seebataillon* porteraient une couronne impériale sur leurs pattes d'épaules.

Au mois d'avril 1891, le maréchal de Moltke, au terme de sa carrière, fut mis à la suite du *seebataillon.*

II. — Situation actuelle de l'infanterie de marine.

1) *Organisation et effectif.* — L'organisation de l'infanterie de marine est, à l'heure actuelle, celle qui a été établie par l'ordre du 13 mars 1889, dont on a reproduit plus haut les principales dispositions.

Au mois de décembre 1897, l'empire allemand est entré en possession de la baie de *Kiautschou,* en Asie orientale, dans le but d'y établir un grand port militaire. Il a été décidé que la nouvelle possession serait occupée par un bataillon d'infanterie de marine, de nouvelle création ; en même temps on a organisé auprès de chacun des bataillons déjà existants une *compagnie-cadre*, destinée à assurer la relève des *seesoldaten* libérables de Kiautschou. (Voir ci-après les détails relatifs au bataillon de Kiautschou).

L'infanterie de marine comprend donc aujourd'hui trois bataillons à 4 compagnies, et 2 compagnies-cadres, ainsi répartis :

> 1ᵉʳ bataillon à *Kiel*.
> 2ᵉ bataillon à *Wilhelmshafen*.
> 3ᵉ bataillon à *Kiautschou*.

En outre :

> Une compagnie-cadre à *Kiel*.
> Une compagnie-cadre à *Wilhelmshafen*.

Ces troupes sont sous l'autorité de l'*Inspection de l'infanterie de marine*, dont le siège est à *Kiel*, et qui dépend elle-même de l'arrondissement maritime de la Baltique.

Leur effectif est le suivant :

A) *Officiers* :

1° En Allemagne :

Inspection.
a) (1ᵉʳ et 2ᵉ bataillons).

> 1 inspecteur de l'infanterie de marine.
> 2 commandants de bataillon.
> 6 capitaines de 1ʳᵉ classe.
> 4 capitaines de 2ᵉ classe.
> 9 lieutenants en 1ᵉʳ (y compris 1 adjudant).
> 18 lieutenants.

b) 2 compagnies-cadres (destinées à la relève du bataillon de Kiautschou) . . . .

> 2 capitaines.
> 2 lieutenants en 1ᵉʳ.
> 4 lieutenants.

a) et b) TOTAL. . . . .   48 officiers.

2° En Asie orientale (3° bataillon à Kiautschou) :

> 1 commandant.
> 2 capitaines de 1re classe.
> 2 capitaines de 2e classe.
> 5 lieutenants en 1er.
> 8 lieutenants.

TOTAL..... 18 officiers.

1° et 2° TOTAL général des officiers : 66.

B) *Sous-officiers :*

1° En Allemagne :

a) 1er et 2e bataillons.. {
> 16 feldwebel.
> 10 vice-feldwebel (y compris 2 chefs de musique).
> 40 sergents.
> 95 sous-officiers (y compris 2 tambours-maîtres et 18 musiciens).

b) 2 compagnies-cadres. {
> 3 feldwebel.
> 4 vice-feldwebel.
> 13 sergents.
> 32 sous-officiers.

a) et *b)* TOTAL..... 213 sous-officiers.

2° En Asie orientale (3° bataillon à Kiautschou) :

> 4 feldwebel.
> 9 vice-feldwebel.
> 26 sergents.
> 73 sous-officiers.

TOTAL..... 112 sous-officiers.

1° et 2° TOTAL général des sous-officiers : 325 sous-officiers.

C) *Troupe.*

1° En Allemagne :

a) 1er et 2e bataillons.. {
> 152 gefreite (y compris 24 musiciens).
> 886 soldats (y compris 40 tambours et clairons et 11 musiciens).

b) 2 compagnies-cadres. {
> 20 gefreite.
> 502 soldats.

a) et *b)* TOTAL..... 1560 soldats.

2° En Asie orientale (3° bataillon à Kiautschou) :

187 gefreite.

817 soldats.

Total...... 1004 soldats.

1° et 2° Total général de la troupe : 2,564 hommes.

En récapitulant ces chiffres, on trouve pour l'effectif total de l'infanterie de marine : 66 officiers, 325 sous-officiers, 2,564 hommes.

(Il y a lieu de remarquer que l'on vient de créer à Kiautschou une compagnie indigène de Chinois avec cadres allemands).

2) *Recrutement*. — A) *Officiers*. — Les officiers d'infanterie de marine proviennent du corps d'officiers de l'armée de terre. Ils entrent dans les bataillons d'infanterie de marine sur leur demande, et s'ils présentent l'aptitude nécessaire. Au bout d'un temps variable, ils rentrent dans leur arme d'origine ; la durée de leur séjour dans l'infanterie de marine dépend de leur âge, des circonstances d'avancement, etc., mais elle est toujours de quelques années.

En 1898, *treize* officiers sont revenus dans l'armée de terre ; deux sont passés dans la réserve.

Les officiers d'infanterie de marine dépendent du ministère de la marine.

Les officiers de *réserve* ou de la *seewehr* se recrutent :

1) Parmi les *officiers* qui ont quitté le service actif, et qui sont encore soumis à l'obligation de servir dans la réserve ou la *seewehr*, ou qui, sur proposition spéciale, restent dans le *Beurlaubtenstand*.

2) De préférence, parmi les *engagés volontaires d'un an*, pourvus du certificat d'aptitude au grade d'officier dans le *Beurlaubtenstand*, ou qui obtiennent ce certificat après avoir accompli une période d'exercices de huit semaines.

Les candidats sont soumis au vote des officiers ; il y est procédé à la suite d'une période d'exercices de huit semaines, accomplie dans des conditions satisfaisantes. Au cours de cette période, le candidat est nommé *vice-feldwebel* après quatre semaines.

Les officiers des *réserves* de l'infanterie de marine se répartissent ainsi qu'il suit :

GRADES.	RÉSERVE.	SEEWEHR.		TOTAL.
		1er BAN.	2e BAN.	
Major..........................	»	»	1	1
Capitaines......................	1	2	»	3
Lieutenants en 1er..............	13	1	5	19
Lieutenants.....................	37	9	20	66
TOTAL............	51	12	26	89

B) *Troupe*. — Les hommes de l'infanterie de marine proviennent :

a) De *recrues* incorporées à l'automne de chaque année, dans les mêmes conditions que pour l'armée de terre ;

b) D'*engagés* pour 3 ou 4 ans, fournis par la population de l'intérieur du pays ;

c) D'*engagés volontaires d'un an*, également fournis par la population de l'intérieur, et pourvus du certificat exigé pour le volontariat d'un an.

Les dates fixées pour l'incorporation des engagés d'un an sont le 1er avril et le 1er octobre de chaque année.

Ces engagés ne sont, en temps de paix, ni détachés à bord des navires, ni changés de garnison sans leur consentement.

3) *Rôle de l'infanterie de marine*. — Comme dans le passé, le rôle de l'infanterie de marine consiste :

A défendre les ports de guerre de l'empire ;

A assurer le service de place dans ces ports ;

A fournir à bord des navires de guerre les détachements nécessaires.

4) *Instruction*. — L'instruction est donnée aux hommes d'après les règlements de l'infanterie ; ils sont en outre exercés au service des pièces de marine et de place, et au service des bateaux.

Les officiers développent leurs connaissances militaires dans des voyages d'étude, qui ont lieu au mois d'août de chaque année.

Enfin les *seebataillons* prennent part, pour compléter leur instruction, à des manœuvres combinées avec la flotte.

5° *Tenue*. — La *tunique* est de drap bleu foncé ; le collet et les parements sont blancs, avec les galons jaunes de la garde ; les pattes d'épaule sont blanches, et portent deux ancres jaunes en croix, surmontées de la couronne impériale ; — les boutons sont de métal uni jaune.

Le *pantalon* est bleu foncé, avec passepoil blanc.

Le *manteau*, de drap bleu foncé, porte des pattes blanches au collet, et des pattes d'épaule bleues bordées de blanc ; les insignes de ces pattes d'épaule sont les mêmes que ceux de la tunique.

La *coiffure* est le schako ou la casquette. Le *schako* est en cuir noir, avec visière postérieure ; il porte, à la partie antérieure, une ancre avec cordages, de métal jaune, et une aigle aux ailes éployées ; à terre les hommes portent la jugulaire d'écailles plates ; à bord, jugulaire de cuir. Au schako est fixée une cocarde nationale noire, blanche et rouge, et, pour la tenue de parade, une aigrette noire (rouge pour les musiciens).

La *casquette* est bleue, à bandeau blanc ; la casquette de campagne est entièrement bleue, avec un simple liseré blanc.

Dans le service à bord, les hommes portent une veste bleue courte et un veston de même couleur ; ils ont aussi des effets de corvée en toile.

Les insignes de grade sont les mêmes que dans l'armée de terre. Les gefreite portent des deux côtés du collet de petits boutons dorés, les sous-officiers des galons plats dorés au collet et sur les parements ; les sergents, vice-feldwebels et feldwebels ont en outre, au collet, le bouton de sergent, et les feldwebels portent un deuxième galon doré, étroit et plat sur les parements. Les vice-feldwebels et feldwebels ont le sabre d'officier. — Sur les pattes du collet du manteau les sous-officiers ont un liseré étroit broché blanc rouge et noir.

Les *volontaires d'un an* portent autour de leurs pattes d'épaule un liseré noir, blanc et rouge.

Les *officiers* portent sur les pattes de parement et au collet des galons dorés. Les pattes d'épaules sont ornées d'une couronne impériale, et sont doublées de blanc. Les épaulettes ont le dessus blanc, avec deux ancres croisées ; la tournante est d'or uni ; les épaulettes des officiers supérieurs ont des franges d'argent peu rapprochées.

En tenue de gala, les officiers portent le pantalon des officiers de marine. Leur *veston* de bord n'a pas la couronne impériale. Le *manteau* est semblable à celui de l'armée de terre, avec un collet bleu. L'*écharpe* d'argent est comme celle des officiers de l'armée de terre, mais est seulement brochée rouge et noir.

6° *Armement*. — Les hommes sont armés du fusil M. 1888. — Les officiers ont le sabre de la marine.

Depuis le 23 septembre 1888, les commandants de compagnie *sont pourvus d'une monture.*

7° *Drapeaux.* — Chaque bataillon d'infanterie de marine a un drapeau.

Le 2° bataillon a reçu le sien le 29 juillet 1889, à Willhemshafen, des mains de l'Empereur.

En remettant le drapeau du 2° *seebataillon*, l'Empereur prononça les paroles suivantes :

« Depuis soixante-dix ans, en même temps que la
« marine, l'infanterie de marine s'est développée et
« constitue maintenant une grande unité indépendante.
« Déjà, sous le règne de mon grand'père, je suis entré
« en rapports intimes avec le *seebataillon*, et par lui,
« avec la marine. Je me réjouis de pouvoir remettre
« aujourd'hui un drapeau au bataillon nouvellement
« formé. Qu'il le porte toujours avec honneur, et que
« chacun, dans le danger, le défende au péril même
« de sa vie. J'ai cette confiance que le nouveau bataillon
« apportera dans l'accomplissement du devoir la même
« fidélité que les autres troupes de ma marine, et qu'il
« fera toujours preuve d'une aussi tenace bravoure. »

A la suite du vote de la loi sur la flotte, du 10 avril 1898, le grand duc de Bade a été mis à la suite du 1er *seebataillon*. L'Empereur lui témoignait ainsi sa reconnaissance de l'appui qu'il avait donné à ses projets de réorganisation maritime.

8° *Solde de l'infanterie de marine en Allemagne.* — *a)* La solde des officiers est indiquée dans le tableau ci après :

GRADES.	SOLDE PROPREMENT dite.	INDEM- NITÉ de logement.	INDEM- NITÉ supplémen- taire de logement.	TOTAL.
	francs	francs	francs	francs
Inspecteur { rang de commandant de brigade........	44,250	1,530	1,500	44,280
Inspecteur { rang de commandant de régiment........	9,750	1,115	1,125	11,990
Commandant de bataillon.........	7,312	877	825	8,044
Capitaine de 1re classe............	4,875	877	825	6,577
— de 2e —	3,375	877	825	5,077
Lieutenant en 1er,...............	1,875	562	337	2,774
Lieutenant....................	1,425	562	337	2,024

On n'a pas compris dans ces chiffres l'indemnité de
remonte pour les officiers supérieurs et les capitaines.

Les premiers et seconds lieutenants, détachés à bord
des navires, touchent une indemnité de table de 7 fr. 50
par mois.

b) La solde de la troupe est fixée ainsi qu'il suit :

        Feldwebel............................. 900 fr.
        Vice-feldwebel........................ 685
        Sergent.............................. 540
        Sous-officier......................... 382
        Sous-officier non rengagé............. 247
        Gefreite............................. 225
        Soldat............................... 158

Les hommes de l'infanterie de marine ne reçoivent
aucune indemnité d'habillement ; ils sont habillés dans
les mêmes conditions que l'armée de terre.

Les dépenses pour l'entretien de l'infanterie de marine
figurent au budget de la marine.

(Voir ci-après la solde des troupes de Kiautschou).

Le bataillon d'infanterie de marine de Kiautschou.

Depuis une dizaine d'années, l'Empire allemand cherchait à entrer en possession d'un port sur les côtes de la Chine, afin de pouvoir donner accès à l'industrie et au commerce allemands dans l'Empire du milieu.

Le contre-amiral Tripitz a reconnu les côtes de la baie de Kiautschou et émis l'avis que leur possession serait des plus avantageuses pour le but poursuivi. Ces conclusions furent aussi le résultat d'un voyage entrepris sur les côtes de Chine par le directeur des constructions des ports et l'ingénieur en chef Franzius.

Dans ces conditions, on entama aussitôt des négociations avec la Chine en vue de l'acquisition du territoire de Kiautschou, mais les choses traînaient en longueur, lorsque l'assassinat de deux missionnaires allemands vint fournir un prétexte pour une intervention immédiate.

Après s'être assuré du bon vouloir du Czar, l'Empereur donna au contre-amiral von Diederich le commandement d'une escadre de croiseurs, avec l'ordre de s'emparer de la baie de Kiautschou.

Le 14 novembre 1897, un corps de débarquement, comprenant 30 officiers, 77 sous-officiers, 610 hommes descendit à terre, et, sans rencontrer de résistance, arbora le pavillon allemand dans la baie convoitée.

Le gouvernement chinois accorda à l'Allemagne toutes les satisfactions qu'elle demandait pour l'assassinat de ses deux missionnaires, et consentit à lui donner à bail, pour 99 ans, la baie de Kiautschou, avec le territoire nécessaire pour l'édification d'un port.

Pour bien montrer qu'il n'entendait pas renoncer à sa conquête, l'Empereur envoya sur les côtes de Chine son propre frère, le prince Henri, avec une escadre de croiseurs, plus importante que celle de l'amiral von Diederich. Pour l'occupation de sa nouvelle possession, il décida de créer un nouveau bataillon d'infanterie de marine.

Organisation. — Chacun des 2 bataillons déjà existants a donné, pour la création de la nouvelle unité, 2 compagnies constituées; l'effectif a été complété par des volontaires de toutes les régions de corps d'armée, y compris la Bavière.

Le nouveau bataillon appelé d'abord *bataillon de Kiautschou*, puis 3e bataillon d'infanterie de marine, a quitté Wilhelmshafen le 19 décembre 1897, il est arrivé à destination le 26 janvier suivant; il a relevé les troupes de débarquement de l'amiral von Diederich.

La nouvelle possession allemande reste sous l'autorité de l'*Office impérial de la marine*, tandis que les autres colonies de l'Empire allemand dépendent de l'Office des affaires étrangères (section coloniale).

Le *Secrétaire d'État de l'Office impérial de la marine* a reçu, par rapport aux troupes de Kiautschou les attributions et les droits du chef de l'amirauté.

Le *Gouverneur* exerce le commandement en chef des troupes de Kiautschou. Il a les attributions et les droits d'un commandant d'arrondissement maritime.

Relève. — La relève des troupes est organisée de la façon suivante :

Chaque automne, les 2 bataillons de Kiel et de Wilhelmshafen forment une compagnie-cadre, dont l'effectif est tel que la moitié du bataillon de Kiautschou puisse être relevé chaque année. (V. plus haut la composition de ces compagnies.)

L'instruction est donnée de manière à ce que les troupes de relève puissent partir au printemps; les hommes relevés rentrent en automne dans la métropole.

Le premier détachement de relève n'a pu partir que le 19 juillet 1898.

D'après une disposition du mois de mars 1899, les sujets allemands peuvent accomplir leur service militaire dans les troupes stationnées à Kiautschou. Après l'accomplissement de leur temps de service actif, qui peut-être réduit à une année, ils comptent dans la réserve des troupes de la possession. Les hommes des réserves, en résidence à Kiautschou, peuvent sur leur demande, être autorisés à y accomplir leurs périodes règlementaires.

En cas de besoin, ces hommes peuvent être appelés à renforcer les troupes de Kiautschou.

Tenue. — Au moment de leur départ, en décembre 1897, les hommes du 3ᵉ *seebataillon* portaient la *litewka*, sorte de vareuse en forme de blouse, d'étoffe bleue épaisse, avec large collet ; le ceinturon était porté sur la vareuse. Comme coiffure, ils avaient la casquette blanche, et n'avaient pas reçu de casque colonial.

L'habillement de cette troupe a donné lieu à des plaintes nombreuses, dont la presse allemande s'est fait l'écho. Elle a prétendu que l'on avait procédé comme s'il s'agissait d'une marche en Poméranie, et que l'on n'avait pas tenu compte des conditions climatériques du pays dans lequel on envoyait les soldats.

On a dû d'abord ajouter à la casquette blanche une large visière pour protéger les yeux, et on a demandé à Berlin l'envoi de casques coloniaux.

Solde. — La solde des troupes de Kiautschou est fixé ainsi qu'il suit :

Commandant............	8,890 fr.	
Capitaine de 1ʳᵉ classe.....	6,450	Avec un supplément
Capitaine de 2ᵉ classe......	4,953	de 6,853 fr.
Lieutenant en 1ᵉʳ.........	2,587	

Lieutenant	1,837	Avec un supplément de 6,156 fr.
Feldwebel	900	Avec un supplément de 1681 fr.
Vice-feldwebel	675	
Sergent	540	
Sous-officier	382	
Gefreite	225	
Soldat	158	

Les sous-officiers et les hommes reçoivent une indemnité journalière pour cherté de vivres, elle est de :

0 fr. 62 pour les sous-officiers ;
0 fr. 25 pour les hommes.

Au bout de 3 ans de séjour, elle est portée pour les sous-officiers à 0 fr. 95 et à 1 fr. 25 après 4 ans de séjour.

Ces tarifs de solde qui sont plus élevés, sauf pour les sous-officiers, que ceux adoptés dans le principe, ne sont naturellement pas applicables aux deux compagnies-cadres, constituées en Allemagne auprès des 1er et 2e *seebataillons*.

Les dépenses nécessaires pour l'entretien du 3e *seebataillon* figurent dans un chapitre spécial du budget des colonies, relatif à l'administration du gouvernement de Kiautschou. Ce même chapitre comprend les dépenses des deux compagnies-cadres de la métropole.

Le budget total de la possession de Kiautschou est de 12,491,562 francs ; l'entretien des troupes d'occupation entre dans cette somme pour 2,330,505 francs.

Le budget de 1900 comprend les dépenses nécessaires pour l'entretien *d'une compagnie indigène de Chinois avec cadres allemands*.

La composition de cette nouvelle unité est la suivante :

Cadres :

1 capitaine,
1 lieutenant en 1er,
1 feldwebel,
1 vice-feldwebel,
3 sergents,
4 sous-officiers.

Troupe :

100 fantassins chinois,
20 cavaliers chinois,
2 interprètes,
6 élèves-interprètes.

La solde des cadres allemands est la même que celles des cadres de l'infanterie de marine ; l'entretien de la troupe entre dans le budget pour une somme de 33,900 francs.

CONCLUSION

Si l'on jette un coup d'œil d'ensemble sur l'infanterie de marine depuis sa création, on constate qu'elle a toujours été exclusivement l'*auxiliaire de la marine*, soit qu'elle fasse le coup de feu sur le pont des navires, soit qu'elle défende à terre les stations maritimes, où les vaisseaux de guerre viendront se mettre à l'abri et réparer leurs avaries.

Aussi voit-on les deux bataillons d'infanterie de marine tenir garnison dans les deux grands ports de l'Empire allemand, ainsi que les différents éléments qui concourent à constituer la force navale du pays (divisions de matelots, de chantiers, etc.).

D'un autre côté, on reconnaît que l'infanterie de marine est une *troupe de la métropole ;* elle a surtout pour théâtre d'action les côtes de la patrie ; le territoire des colonies lui a été jusqu'ici interdit.

L'envoi d'un bataillon à Kiautschou ne semble pas

devoir être considéré comme une réelle dérogation au principe, d'après lequel toutes les forces de l'Empire sont consacrées à la défense du sol allemand.

Les conditions dans lesquelles ce bataillon a été envoyé dans la nouvelle possession, déjà acquise à l'Empire, le rôle que celle-ci est appelée à jouer, ne permettent pas de comparer la situation de la troupe d'occupation à celle des troupes coloniales proprement dites.

L'intention de l'Empire allemand est en effet manifestement de créer à Kiautschou un port de guerre important qui servira de point d'appui à sa flotte, et dont le rôle sera analogue à celui de *Hong-Kong* pour l'Angleterre et de *Port-Arthur* pour la Russie. Aussi, de même qu'à *Kiel* et à *Wilhelmshafen*, on y a placé un bataillon d'infanterie de marine, pour répondre sensiblement aux mêmes besoins.

L'infanterie de marine a été créée avec la marine ; elle a grandi avec elle, alors qu'il n'y avait pas encore de colonies allemandes ; dès que les colonies sont nées, il fallu organiser des troupes spéciales : ce sont les *Schutztruppen* ou troupes coloniales de protectorat.

DEUXIÈME PARTIE

LES TROUPES COLONIALES ALLEMANDES

Création des troupes coloniales.

Lorsque, vers l'année 1880, l'Allemagne a eu l'idée d'entrer dans la voie de l'expansion coloniale, le partage du continent africain était déjà entamé. Elle s'est présentée un peu tard pour y prendre part, mais, fort sagement, elle a su se contenter de ce qui restait, et elle est rapidement entrée en possession de quatre parts d'importance différente : l'Est africain, le Togo, le Cameroun et le Sud-Ouest africain.

Ces territoires ont été d'abord exploités par des compagnies de commerce, qui n'ont pu prospérer ; ils sont alors passés sous l'autorité impériale immédiate.

C'est dans l'Est africain qu'ont été constituées les premières troupes coloniales. Un rapide coup d'œil sur les débuts de cette colonie, la plus importante, nous permettra de saisir les conditions dans lesquelles s'est trouvé l'empire allemand pour assurer la protection de ses possessions au delà des mers.

Au mois de septembre 1884, à la suite d'explorations qui avaient confirmé les chances d'avenir de la région, trois Allemands, les docteurs Carl Peters, Jütlke et le comte Pfeil, achetèrent à quelques chefs indigènes les pays connus sous les noms de : Ousagara, Oukami et Ngourou.

Une société allemande (la Deutsch-ostafrikanische

Gesellschaft) se constitua alors pour l'exploitation de ces territoires.

On a vu plus haut que, dès 1885, une escadre allemande dut aller protéger cette société contre le sultan de Zanzibar, qui protestait contre les acquisitions allemandes ; le pavillon de l'empire fut planté à *Dar-el-Salam*.

En 1886, une convention anglo-allemande intervint, d'après laquelle les territoires de l'intérieur furent abandonnés à l'Allemagne, en laissant au sultan les îles Zanzibar, Pemba, Lamou et Mafia, ainsi qu'une bande côtière de 10 milles marins. L'administration des ports de *Pangani* et de *Dar-el-Salam* était confiée à la Société allemande.

C'était insuffisant ; la Société ne pouvait prospérer que si l'administration des côtes était, ne fût-ce qu'à titre de bail, dans des mains allemandes. Des négociations furent entamées dans ce sens avec le sultan ; elles aboutirent, en 1888, à un accord, aux termes duquel la souveraineté du sultan sur les régions côtières passait à la société pour une période de cinquante ans.

Les Arabes n'acceptèrent pas sans protester l'arrivée importune des Européens qui menaçait de ruiner leur commerce et les peuplades de la côte se soulevèrent (1). La Société n'avait à son service que quelques hommes armés, incapables de réprimer la révolte. Le sultan de Zanzibar, lui-même, était impuissant à la calmer.

Le gouvernement allemand fut alors obligé d'intervenir directement. Il commença par envoyer une escadre pour bloquer les côtes, mais cette mesure ne donna aucun résultat, parce qu'elle n'avait aucune action sur l'intérieur du pays. Il fallait cependant procéder énergiquement et vite. On nomma alors un commissaire

____

(1) Voir *Revue militaire de l'Étranger*, 2⁰ semestre 1889, n° 722.

impérial, le capitaine Wissmann, un ancien explorateur, à qui on donna la mission et les moyens d'abattre la révolte.

Pour constituer la force armée nécessaire, on ne songea pas un instant à envoyer en Afrique des détachements de troupe tirés de l'armée de campagne de la métropole et l'on eut à envisager trois solutions. On pouvait employer dans les colonies, soit des troupes d'infanterie de marine, soit un corps de volontaires européens, soit une troupe (*Schutztruppe*) composée de soldats indigènes.

Le capitaine Wissmann s'éleva énergiquement contre l'emploi d'une troupe européenne ; il estimait que les frais de l'entreprise seraient considérablement élevés de ce fait et surtout que les fatigues et le climat décimeraient bien vite des contingents européens.

Cette opinion prévalut et un crédit de 2,500,000 francs fut ouvert au capitaine Wissmann pour lever des soldats. Il prit les chefs parmi des officiers et sous-officiers allemands retirés du service actif et avec qui il passa des contrats particuliers. La troupe fut constituée au moyen d'indigènes (Soudanais, Somalis, Zoulous, etc.) provenant en grande partie de l'armée anglo-égyptienne, ou enrôlés à Mozambique. Le corps ainsi formé appartenait en propre au capitaine Wissmann, qui l'entretenait et le payait ; il n'était à aucun titre une troupe impériale. Formé le 2 mai 1889 à *Bagamoyo*, il comprenait 20 officiers ou médecins, 40 sous-officiers, 1400 indigènes.

Ce fut avec ces soldats que Wissmann, aidé par la marine impériale, réussit à réprimer les soulèvements des Arabes.

Mais la pacification avait épuisé la plus grande partie des ressources de la compagnie et encore la situation était-elle peu rassurante pour l'avenir. Aussi, le gouvernement allemand se substitua à la Société de commerce et plaça la colonie de l'Est africain sous son autorité immédiate.

Dans ces conditions, la troupe coloniale ne pouvait rester ce qu'elle était, et, selon les termes du rapport du général de Caprivi, « il était nécessaire que les cadres fussent plus directement rattachés à l'armée et que les officiers et sous-officiers ne perdissent pas de vue qu'ils étaient Allemands ».

Les dispositions prises en mai 1889 par le capitaine Wissmann furent donc remplacées par celles de la loi du 22 mai 1891, et la troupe qu'il avait formée devint une *troupe impériale de protectorat* (Kaiserliche Schutz-truppe), placée sous l'autorité de l'Office impérial de la marine et ayant pour chef suprême l'Empereur.

Peu de temps après, une troupe coloniale fut constituée, dans les mêmes conditions, dans les colonies du Sud-Ouest africain et du Cameroun.

La *Revue militaire de l'Étranger* a rendu compte, en son temps (1), des principales dispositions de la loi de 1891 ; elle a également reproduit (2) le texte de la loi du 7 juillet 1896, modifiant certaines dispositions de la précédente.

A la date du 25 juillet 1898 est entré en vigueur un règlement contenant toutes les dispositions qui déterminent l'organisation actuelle des troupes coloniales (Schutztruppen).

Il peut être intéressant d'examiner avec quelque détail ces dispositions : cet examen permettra de se rendre compte des idées allemandes sur la constitution des troupes employées dans les colonies. On indiquera ensuite la composition et la répartition actuelles de ces troupes. Ce seront les deux parties de cet exposé.

---

(1) Voir *Revue militaire de l'Étranger*, 2ᵉ semestre 1891, n° 769.

(2) Voir *Revue militaire de l'Étranger*, 2ᵉ semestre 1896, n° 826.

1° Organisation des troupes coloniales.

1° But.

Le règlement définit ainsi le but des troupes coloniales : elles servent au maintien de l'ordre public dans les colonies; elles assurent leur sécurité et surtout elles doivent combattre la traite des esclaves.

2° Organisation du commandement.

Après l'Empereur, le *Chancelier* est le chef des troupes coloniales. Auprès de lui est un organe central, appelé *Commandement supérieur des troupes coloniales (Ober-kommando der Schutztruppen)*, qui comprend : 1 officier supérieur, 1 capitaine de 1re classe, 1 médecin-major de 1re classe et 1 conseiller; son siège est à *Berlin* (1).

Cet organe a la direction des affaires concernant les troupes coloniales, et son rôle est analogue à celui d'un état-major de corps d'armée. L'officier supérieur du « commandement supérieur » remplit les fonctions de chef d'état-major.

Dans chaque colonie, le *gouverneur* représente l'autorité militaire la plus élevée; il a la disposition des troupes coloniales pour les entreprises militaires qu'il juge à propos de prescrire. Ces troupes peuvent être aussi employées par l'administration civile, mais seulement dans la mesure où les considérations militaires le permettent, et, en tout cas, après entente avec le commandant de la troupe coloniale. Les ordres donnés à cette troupe doivent toujours passer par son chef direct.

---

(1) D'après une information de la presse allemande (la *Post* du 8 janvier 1899), un projet aurait été soumis au Reichstag dans le but de faire passer au *Directeur de la section coloniale* (M. von Buckla) les attributions actuellement dévolues au *Chancelier* en ce qui concerne le commandement des troupes coloniales.

Le *commandant* de la troupe coloniale est responsable de l'accomplissement des missions qui lui sont confiées, de l'instruction des hommes, de leur discipline, ainsi que du service intérieur et de l'administration.

Il soumet au gouverneur les observations qu'il croit devoir présenter au sujet des ordres qu'il reçoit en ce qui concerne l'exécution du service militaire. Il doit en tous cas obéir, sauf à en référer au « commandement supérieur » par l'intermédiaire du gouverneur. Il peut en être appelé à l'Empereur de la décision du « commandement supérieur ».

Les devoirs des chefs subordonnés sont ceux des officiers de la métropole. Des dispositions spéciales du commandant de la troupe règlent les cas particuliers non prévus par les règlements.

Quand des hommes de la troupe coloniale sont mis à la disposition de l'administration civile, ils doivent obtempérer aux instructions données par les chefs de cette administration ; ils n'en restent pas moins sous les ordres de leurs supérieurs ordinaires, qui sont, d'après leur grade, employés comme personnel de surveillance.

3° Composition de la troupe coloniale.

Dans les troupes coloniales, les officiers et sous-officiers, *en partie*, les médecins et fonctionnaires, *en totalité*, proviennent de l'*armée* ou de la *marine allemandes*.

L'élément *indigène* fournit *quelques* lieutenants, *une partie* des sous-officiers et *toute* la troupe.

Il y a lieu cependant de faire une exception pour le Sud-Ouest africain, où l'on trouve de nombreux sujets allemands *non gradés*. En raison des difficultés du recrutement indigène et aussi des conditions relativement favorables de salubrité de la colonie, on a adopté, pour la constitution de la troupe qui lui est affectée, des règles particulières qui seront exposées plus loin.

D'une manière générale, les sujets allemands qui figurent dans les troupes coloniales se répartissent en :

Officiers ;

Médecins ;

Officiers-mariniers (aspirant payeur, chef artificier) ;

Sous-officiers (sergent-major, sergent, sous-officier) ;

Infirmiers (chef infirmier, infirmier) ;

Fonctionnaires supérieurs (ayant rang d'officier);

Employés [ayant rang d'officier marinier (armurier) ou rang sous-officier];

Dans le Sud-Ouest africain, on trouve, en outre, des gefreite et des simples soldats.

Les *grades et la hiérarchie sont les mêmes* que dans l'armée de la métropole.

Les officiers-mariniers forment une catégorie à part; leur situation est réglée d'après leur grade dans la métropole.

Les sujets allemands passent toujours avant les indigènes, quel que soit le grade respectif ; les officiers-mariniers, sous-officiers et soldats allemands ne sont en aucune façon subordonnés aux officiers indigènes.

Les fixations budgétaires déterminent pour chaque colonie l'effectif de la troupe coloniale qui lui est affectée, ainsi que la nature et le nombre des emplois.

Lorsqu'il y a lieu d'entreprendre une expédition militaire dans la colonie, le gouverneur, d'accord avec le commandant, fixe l'effectif de la colonne et en choisit le chef.

Le commandant détermine la composition de la colonne.

4° Recrutement des troupes coloniales.

Le passage dans les troupes coloniales est prononcé *sur la demande* des intéressés. *Tous* les militaires, qui demandent à y entrer, doivent *s'engager* à y servir pendant un temps déterminé : *deux ans et demi* dans l'Est africain, le Togo et le Cameroun, *trois ans* dans le Sud-Ouest africain.

Les engagements parvenus à leur terme peuvent être renouvelés, sans qu'il y ait une limite à la durée totale des services. La durée des nouvelles périodes d'engagement ne varie pas, sauf pour le Cameroun, où, au bout de cinq ans, on ne s'engage plus à servir que pendant *deux ans*, au lieu de deux ans et demi.

Ces dernières règles ne sont d'ailleurs pas définitives; une plus longue expérience pourra y apporter les changements reconnus utiles.

Les dispositions relatives au recrutement de la troupe du Sud-Ouest africain sont indiquées plus loin.

5° Demandes d'admission dans les troupes coloniales.

a) *Officiers*. — Tous les ans, le 1er janvier et le 1er juillet, les commandants de corps d'armée font connaître à l'Empereur les noms des officiers et médecins qui demandent à entrer dans les troupes coloniales, avec l'indication de la colonie dans laquelle *ils désirent servir*.

Le dossier de chaque demande comprend un *rapport* détaillé sur l'officier, sur sa valeur professionnelle et sur ses aptitudes au service dans les colonies; il contient aussi un *certificat médical* spécifiant d'une manière précise que le candidat est physiquement capable de supporter le climat des colonies.

Le « commandement supérieur des troupes coloniales » dresse ensuite une liste des candidats.

Les intéressés ne sont pas dans l'obligation de renouveler leur demande, mais il y a lieu de rendre compte de tous les changements survenus dans leur situation personnelle.

Deux fois par an, les commandants des troupes coloniales rendent compte des vacances à combler dans le semestre suivant. D'après ces indications, le *Chancelier* soumet à l'Empereur, par l'intermédiaire du cabinet militaire, ses propositions pour combler les vacances signalées. L'Empereur décide et avis de sa décision est donné aux corps d'armée, qui informent les intéressés, en leur faisant connaître la date de leur entrée dans la troupe coloniale.

Ceux-ci demandent aussitôt, dans la forme prescrite, leur sortie des rangs de l'armée de la métropole, et vont se présenter à Berlin au « commandement supérieur ».

b) *Sous-officiers*. — Il est établi deux fois par an, dans chaque corps d'armée, un état des sous-officiers qui *demandent* à servir dans les troupes coloniales de l'Est africain, du Togo et du Cameroun. La désignation de la colonie est laissée *au choix* des intéressés. Ces états sont transmis à la Direction des affaires générales de l'armée. Parmi les pièces qui les accompagnent figurent, pour chaque sous-officier, un rapport du chef de corps et un certificat médical ; en outre, le chef de corps établit une attestation, assurant au sous-officier que, à l'expiration de son temps de service colonial, il *pourra être réintégré* dans le régiment qu'il quitte, sous la condition qu'il en sera resté digne et qu'il aura conservé l'aptitude physique nécessaire.

De leur côté, les commandants des troupes coloniales adressent deux fois par an leurs propositions relatives au maintien des militaires qui désirent continuer à servir dans les colonies ; ils signalent en même temps les vacances qu'il y aura lieu de combler. Le « commandement supérieur » se met, dans ce but, directement en rapport avec les chefs de corps intéressés pour l'incorporation des sous-officiers désignés pour servir aux colonies. L'affectation est prononcée par le *Chancelier*.

6° Dispositions spéciales pour la troupe coloniale
du Sud-Ouest africain.

La troupe coloniale du Sud-Ouest africain, en dehors des officiers et des sous-officiers qui lui sont affectés dans les conditions ordinaires indiquées ci-dessus, reçoit des *soldats* de provenances différentes :

a) Les militaires non gradés, appartenant à l'armée et à la marine impériales allemandes, peuvent, *sur leur demande*, entrer dans la troupe coloniale du Sud-Ouest africain. Le temps qu'ils y passent compte comme *temps de service actif*.

b) Les sujets allemands, soumis aux obligations militaires et établis dans le Sud-Ouest africain, peuvent, *s'ils le désirent*, accomplir leur temps de service réglementaire dans la schutztruppe de cette colonie.

c) Les jeunes gens allemands, pourvus de l'attestation du droit au volontariat d'un an et établis dans le Sud-Ouest africain, peuvent être incorporés dans la troupe de cette colonie en qualité de *volontaires d'un an*.

Les sous-officiers et soldats de l'armée allemande peuvent adresser leur demande pour servir dans le Sud-Ouest africain à toute époque de l'année. Lorsqu'il y a lieu d'envoyer des hommes de remplacement dans la colonie, les autorités militaires territoriales de la métropole, sur la demande qui leur en est faite, désignent les militaires qui doivent partir parmi ceux qui en ont fait la demande et qui sont disponibles.

On doit indiquer ici, d'ailleurs, que le recrutement des sous-officiers de cette colonie se fait, autant que possible, par avancement des soldats allemands.

L'incorporation des sujets allemands, visés aux paragraphes *b*) et *c*), page 574, est prononcée par le commandant de la troupe coloniale; en réalité, les actes d'engagement sont passés avec le commandant de la compagnie

intéressée et sont envoyés, par la voie hiérarchique, à
la Direction générale des affaires de l'armée. Le président civil de la commission de recrutement de la métropole est avisé de l'incorporation des jeunes gens de son
ressort.

Les militaires de ces catégories peuvent *être envoyés
en congé* par le commandant du territoire (Landeshauptmann) avant d'avoir terminé leur temps de service réglementaire et si le commandant de la troupe coloniale a
donné son assentiment à cette mesure.

Après avoir accompli leur temps de service actif dans
la troupe coloniale, les sujets allemands passent dans les
« réserves » de l'armée ou de la marine impériales. S'ils
rentrent en Allemagne, ils passent sous l'autorité du
commandant du district de leur domicile ; s'ils restent
dans la colonie ou vont s'établir à l'étranger, le commandant de la troupe coloniale les fait rattacher au
commandement du district de leur arme, à Berlin.

Ceux de ces hommes qui restent dans le Sud-Ouest
africain peuvent être appelés à accomplir, dans la colonie, les périodes d'instruction réglementaires. Le commandant de la troupe peut les convoquer, soit dans ce
but, soit pour renforcer son effectif.

Lorsque les sujets allemands, résidant dans la colonie
et soumis au service militaire, ne sont pas reconnus aptes
physiquement à servir dans la colonie, ils doivent faire
régler leur situation militaire par les autorités de recrutement de la métropole.

7° Conditions exigées pour l'admission dans les troupes coloniales.

Les *officiers* de l'armée ou de la marine impériales
qui désirent entrer dans les troupes coloniales doivent
compter au moins *trois* ans de service comme officiers.

Ils doivent avoir toujours eu une excellente conduite

et posséder une instruction militaire complète, surtout dans le tir et le service en campagne.

Le règlement énumère les nombreuses qualités dont ils doivent avoir déjà fait preuve : caractère, netteté de jugement, sang-froid, fermeté dans la décision, énergie, intelligence dans la conduite des subordonnés, large esprit d'initiative, etc. Il est prescrit, en outre, d'écarter les officiers qui auraient des dettes.

Les *médecins* doivent posséder les mêmes qualités, mais aucune condition d'ancienneté ne leur est imposée.

Les *sous-officiers* doivent avoir accompli au moins trois années de service, dont une dans le grade de sous-officier.

Le règlement définit aussi très minutieusement les conditions requises en ce qui concerne l'aptitude physique des candidats, qui sont soumis, avant d'être acceptés, à une visite médicale des plus rigoureuses.

Ils doivent être absolument sains, n'avoir aucune affection organique ou héréditaire; les militaires qui sont notoirement adonnés à la morphine, à la cocaïne ou à l'alcool sont soigneusement écartés du service colonial.

L'acuité visuelle fait l'objet d'un examen sérieux; pour aucun des deux yeux, elle ne doit descendre au-dessous des deux tiers de la normale; on n'accepte ni les myopes ni les presbytes qui, avec des verres concaves n⁰ 12 ou convexes n⁰ 20 ne peuvent obtenir au moins ce résultat.

Les maladies antérieurement contractées, ou héréditaires, doivent entrer en ligne de compte pour former l'appréciation du médecin chargé de la visite; mention en est faite sur le certificat qu'il délivre.

Enfin, les militaires envoyés dans les colonies doivent être vaccinés.

Dans le Sud-Ouest africain, en raison des grandes distances à parcourir, les marches sont exécutées *à cheval*. Aussi, est-il nécessaire que les militaires, prove-

nant d'une arme à pied, qui demandent à servir dans
cette colonie, aient quelque aptitude et quelque goût
pour l'exercice du cheval ; leur poids ne doit pas dépas-
ser 70 kilogrammes et ils doivent savoir soigner les chevaux. Les hommes provenant de la cavalerie doivent,
par contre, posséder une bonne instruction du tir.

8° Admission dans les troupes coloniales des sujets allemands appartenant aux réserves.

Tout sujet allemand encore soumis aux obligations
militaires peut, *sur sa demande*, être autorisé à servir
dans les troupes coloniales, pour y occuper un emploi
prévu par le budget. Mais ce passage dans la troupe
coloniale n'ouvre aucun droit pour être admis à servir,
dans la suite, *au titre actif*, dans la métropole.

L'Empereur détermine le rang d'ancienneté des officiers et médecins de cette catégorie.

Les officiers des réserves, demandant à servir dans
les troupes coloniales, accomplissent, si la mesure est
reconnue nécessaire, un stage de six mois dans un corps
de troupe de la métropole, afin de développer leurs connaissances militaires. Les frais de ces stages incombent
au budget des colonies.

9° Situation des sujets allemands dans les troupes coloniales.

L'Empereur, sur la proposition du Chancelier, prononce l'affectation des officiers et médecins aux différents emplois des troupes coloniales.

L'avancement est à sa disposition.

D'une manière générale, *l'ancienneté dans la métropole* est la règle pour l'avancement et les affectations.

L'affectation aux emplois de *sous-officier* est prononcée
par le commandant de la troupe coloniale, d'après l'an

cienneté de service dans la troupe coloniale. Ainsi, tout sergent ou infirmier-chef débute, en l'absence de stipulations contraires énoncées dans son acte d'engagement, par occuper un emploi de sous-officier ou d'infirmier.

Le commandant de la troupe coloniale *dispose de l'avancement* des sous-officiers sous ses ordres ; dans le Sud-Ouest africain, l'avancement des gefreite et des soldats est aussi à la disposition du commandant.

Dans cette même colonie, les *engagés volontaires d'un an* sont soumis, pour l'instruction et l'avancement, aux prescriptions du règlement d'application de la loi de recrutement. Les aspirants officiers des réserves, domiciliés dans cette colonie, peuvent y accomplir les périodes d'exercices réglementaires auxquelles ils sont astreints. Les demandes, faites dans ce sens, sont soumises au ministère de la guerre, avec l'avis du « commandement supérieur ». De même, les officiers des réserves, établis dans la colonie, peuvent, en remplissant les mêmes formalités, être autorisés à faire leurs périodes d'exercices dans la troupe coloniale. Le certificat d'aptitude pour l'avancement est, dans ce cas, délivré par le commandant de la schutztruppe.

Tous les ans, les commandants de troupe coloniale envoient au Chancelier, par l'intermédiaire du gouverneur, des notes sur tous les officiers, médecins et fonctionnaires supérieurs. Ces notes sont présentées à l'Empereur.

Si le gouverneur n'est pas un officier en activité, il ne peut faire figurer des observations sur les notes ; mais il en fait l'objet d'une communication spéciale au Chancelier.

10° Concession de congés.

Au cours de leur temps de service (deux ans et demi

ou trois ans), les militaires des troupes coloniales ont droit à un congé de *quatre* mois avec solde de présence, pour aller en Europe. La durée du voyage jusqu'au port européen le plus proche ou depuis ce port jusqu'à la colonie n'est pas comptée dans le congé.

En cas de prolongation du temps de service dans les colonies, le droit à un second congé est acquis après un nouveau séjour de *deux* ans ou deux ans et demi.

Il est entendu que dans le cas de guerre, ou si l'intéressé ne peut être remplacé, le congé est supprimé.

Dans le cas où le militaire à envoyer en congé ne doit pas continuer à servir dans la troupe coloniale, on fait coïncider la fin de son congé avec l'expiration de son engagement.

Le Chancelier accorde les congés des officiers supérieurs, ceux des autres militaires sont accordés par le commandant de la troupe coloniale.

Pour raison de santé, ou pour d'autres motifs graves, le Chancelier peut prolonger les congés jusqu'à *neuf* mois; au delà de cette durée, il en est référé à l'Empereur.

Pour la période au delà de six mois, les allocations dues aux officiers sont réglées sur le taux de la pension de retraite; les sous-officiers continuent à percevoir le traitement de leur grade.

Les militaires qui ont obtenu un congé ont droit à une indemnité de voyage pour l'aller et le retour. Dans le Sud-Ouest africain, cette indemnité est remplacée par la concession du passage gratuit sur les bâtiments.

Des permissions pour l'Afrique peuvent être accordées dans les conditions suivantes :

Jusqu'à 45 jours par le gouverneur;
Jusqu'à 30 jours par le commandant;
Jusqu'à 14 jours par les commandants de compagnie ou chefs de détachement.

11° Solde, indemnités, logement et nourriture.

a) *Tarifs de solde.* — La solde des officiers vient d'être augmentée, et le taux en a été uniformisé pour toutes les colonies ; il est le suivant :

DÉSIGNATION DES GRADES.	SOLDE NOUVELLE.	SOLDE ANCIENNE moyenne.
	francs	francs
État-major.		
Officier supérieur..........................	17,625	15,000
Lieutenant en 1er, officier d'ordonnance (1)...	9,375	9,000
Médecin-chef.............................	17,625	15,000
Médecin-major de 1re classe...............	12,600	12,000
Médecin aide-major.......................	9,375	9,000
Payeur...................................	7,500 à 9,375	7,500 à 9,375
Aspirant payeur et chef artificier...........	6,375	6,375
Chef armurier............................	6,000	6,000
Ouvrier armurier.........................	4,425	3,900
Artificier................................	3,450	3,450
Sergent d'habillement....................	3,450	»
Secrétaire et infirmier chef...............	4,500	4,000
Sergent infirmier.........................	3,450	3,300
Cadre des compagnies.		
Capitaine de 1re classe....................	13,500	11,500
Capitaine de 2e classe....................	12,000	11,500
Lieutenant en 1er,.......................	9,375	9,000
Lieutenant...............................	7,875	7,500
Sergent-major...........................	4,500	4,500
Sergent..................................	3,450	3,450
Sous-officier............................	3,000	3,000
Interprète...............................	3,750	»

(1) Cet officier touche en outre une indemnité de 375 francs.

La solde est payée par mois et d'avance.

Les militaires entrés dans la troupe coloniale du Sud-Ouest pour y accomplir *leur temps de service réglementaire* reçoivent une paye mensuelle de 62 fr. 50. Quand ils sont en expédition, ils ont droit à la solde complète du cavalier, indiquée ci-dessus (1375 francs). Pour toutes les autres allocations, ils sont assimilés aux autres sujets allemands de la troupe coloniale.

Les engagés volontaires d'un an ont droit au logement gratuit, suivant les circonstances locales. En dehors des expéditions, pendant lesquelles l'État assure leur entretien au compte de l'administration de la métropole, ils ont la charge de se nourrir, de s'habiller, de s'équiper et de se remonter.

Moyennant un versement journalier de 2 fr. 50, ils peuvent recevoir les allocations en nature de la troupe; ils peuvent recevoir des effets d'habillement et d'équipement de troupe contre remboursement du prix d'achat de ces effets. De plus, ils peuvent se remonter dans la troupe coloniale en versant la somme de 262 francs. L'entretien de la monture, les soins et la ferrure sont à la charge de l'État.

b) *Indemnités d'équipement.* — Les sujets allemands, ayant rang d'officiers et d'officiers-mariniers, reçoivent une indemnité, pour frais de tenue; elle est de 1500 fr. pour les premiers, de 1250 francs pour les seconds.

Avec cette indemnité, les officiers et officiers-mariniers doivent se munir des effets d'habillement et d'équipement réglementaires, ainsi que des armes blanches, les entretenir et les renouveler au besoin. Durant leur séjour en Afrique, ces objets sont fournis contre remboursement par les magasins.

Les armes et les munitions sont fournies gratuitement; avant de quitter la troupe coloniale, on réintègre dans les magasins les armes et les munitions non consommées.

Les officiers et officiers-mariniers, qui s'engagent à accomplir une nouvelle période de service, reçoivent au commencement de chaque année, *un tiers* de l'indemnité allouée à l'arrivée.

En cas de perte ou de dégradation par cas de force majeure, le Chancelier décide s'il y a lieu d'accorder l'indemnité avant la date fixée, ou d'en augmenter le taux.

Les sous-officiers et soldats sujets allemands reçoivent, à Berlin, avant leur départ pour les colonies, une tenue complète de voyage ; à leur arrivée, les armes et effets réglementaires leur sont délivrés gratuitement par les magasins des troupes coloniales. Les hommes ne sont pas propriétaires des effets, qu'ils ont seulement la charge d'entretenir.

Les sous-officiers allemands ont droit à une indemnité mensuelle d'équipement de 6 fr. 50 ; après une première période de service dans les colonies, ils reçoivent au commencement de chaque nouvelle année de service une allocation de 31 francs.

Au moment de quitter les colonies, les sous-officiers et soldats reçoivent les effets d'habillement qui leur sont nécessaires pour le voyage et qu'on leur abandonne. On leur alloue en outre à ce moment une indemnité de 62 fr. 50, pour leur permettre de se procurer les menus objets qui leur sont nécessaires.

c) *Logement et nourriture*. — Les sujets allemands ont droit au logement dans la mesure où les circonstances locales le permettent, aux soins médicaux, à la nourriture à l'hôpital et à bord.

Les sous-officiers et soldats reçoivent en principe la nourriture dans le *Sud-Ouest africain*. Elle est également due aux officiers et officiers-mariniers pendant les expéditions. Dans le Togo, le Cameroun et l'Est africain, en temps d'expédition, des prescriptions spéciales déterminent les conditions dans lesquelles la nourriture est allouée.

En cas de nécessité, les magasins peuvent fournir contre remboursement des rations aux militaires qui n'ont pas droit à la nourriture.

12° Administration des troupes coloniales.

Les questions administratives concernant les troupes coloniales sont réglées par le service de l'intendance : solde, habillement, alimentation, armement, service de la comptabilité et des caisses, etc.

L'intendance est subordonnée au commandant de la troupe coloniale. Cet officier règle les questions administratives ; il peut déléguer cette partie de ses attributions à un de ses subordonnés, sous sa propre responsabilité.

Lorsqu'il s'agit d'engager des fonds, la signature du fonctionnaire de l'intendance est toujours nécessaire.

Lorsque l'intendance estime que les ordres du commandement s'écartent des prescriptions réglementaires, ou que des considérations administratives en rendent l'exécution préjudiciable, elle doit le faire connaître, et, s'il n'est pas tenu compte de ses avis, le cas est soumis au gouverneur, qui décide.

13° Justice.

Les prescriptions du Code d'instruction criminelle prussien sont applicables aux troupes coloniales, en tenant compte des dispositions particulières qui suivent :

Les tribunaux qui connaissent des affaires militaires, sont :

1) Le tribunal du « Commandement supérieur des troupes coloniales » ;

2) Les tribunaux de gouverneur ;

3) Les tribunaux de détachement.

Le tribunal du « Commandement supérieur » se compose du *Chancelier*, chef de la justice (Gerichtsherr) et d'un conseiller comme auditeur.

Le Chancelier exerce la juridiction *supérieure* et la

juridiction *inférieure* (1) sur tous les militaires des troupes coloniales qui ne sont pas soumis à la juridiction des deux autres tribunaux.

Pendant leur séjour en Allemagne, les militaires des troupes coloniales sont soumis à la juridiction du tribunal du « Commandement supérieur ».

Les tribunaux de *gouverneur* comprennent le gouverneur, chef de la justice, et un auditeur. Ils exercent les deux juridictions sur tous les militaires de la schutz-truppe de la colonie.

Les tribunaux de *détachement* sont constitués dans chaque détachement formé par le gouverneur. Le commandant du détachement, chef de la justice, et un officier instructeur composent ces tribunaux ; ils n'exercent que la juridiction inférieure sur le personnel militaire du détachement.

Pour l'instruction des affaires, un officier ou un médecin est adjoint au tribunal.

Une instruction ne peut être ouverte contre le commandant d'une troupe coloniale que sur l'ordre de l'Empereur.

Les tribunaux qui jugent les affaires militaires, sont :

1° Les conseils de guerre (Kriegsgerichte) ;

2° Les conseils disciplinaires (Standgerichte), jugeant toutes les affaires qui ressortissent à la juridiction inférieure.

Les conseils de guerre se composent de cinq membres :

----

(1) On sait que la juridiction *inférieure* n'est applicable qu'aux délits commis par les hommes de troupe et n'entraînant qu'une répression déterminée. La juridiction *supérieure* connait de tous les crimes ou délits commis par les officiers et de ceux commis par les hommes de troupe et dépassant la compétence de la juridiction inférieure.

a) Pour un *officier :* un commandant de compagnie, président; deux commandants de compagnie moins anciens, et deux lieutenants.

b) Pour un *sous-officier :* un commandant de compagnie, président; deux officiers, deux sous-officiers.

c) Pour un gefreite ou un soldat : un commandant de compagnie, président; deux officiers, deux gefreite ou soldats.

d) Pour un fonctionnaire militaire : un commandant de compagnie, président; deux officiers, deux fonctionnaires appartenant au service de l'inculpé.

Les officiers de l'armée active et les fonctionnaires peuvent, en cas de besoin, être remplacés par des officiers des réserves, des médecins ou des ingénieurs du personnel militaire, et, pour les conseils de guerre jugeant des hommes de troupe (*b* et *c*), par toute personne militaire.

Les conseils disciplinaires (Standgerichte) se composent de trois membres :

a) Pour un sous-officier : un commandant de compagnie, président; un lieutenant, un sous-officier.

b) Pour un gefreite ou un soldat : un commandant de compagnie, président; un lieutenant, un gefreite ou un soldat.

c) Pour un employé militaire : un commandant de compagnie, président; un lieutenant, un employé militaire.

En cas de besoin, les officiers de l'armée active peuvent être remplacés dans les mêmes conditions que pour les conseils de guerre.

Le *Chancelier* a, pour la confirmation des jugements, les droits d'un commandant de corps d'armée; les gouverneurs, ceux d'un commandant de division; les commandants d'un ou plusieurs détachements pourvus d'une juridiction, ceux d'un commandant de régiment.

Les jugements concernant les officiers, médecins ou fonctionnaires supérieurs sont confirmés par l'Empereur.

Les jugements peuvent donner lieu à une consultation, confiée soit à un auditeur, soit à un officier ou fonctionnaire apte aux fonctions de juge.

Le chef, à qui appartient le droit de confirmation, peut avoir recours à cette consultation, lorsque la décision du conseil diffère essentiellement des réquisitions du rapporteur, ou lorsque le jugement ne lui semble pas bien rendu. La consultation a toujours lieu dans le cas d'une condamnation à plus d'une année d'emprisonnement.

Il n'y a pas lieu à consultation pour les jugements rendus par les conseils disciplinaires.

Dans les détachements, si le chef de la justice intéressé croit devoir refuser la confirmation du jugement, il le soumet, avec pièces à l'appui, à celui de ses chefs qui est investi de la juridiction supérieure. Celui-ci fait examiner le jugement par un auditeur, et il *peut le casser*, s'il estime, d'accord avec le consultant, que ce jugement est entaché de nullité ou d'illégalité.

Les jugements des mêmes conseils, dépendant de la juridiction du « Commandement supérieur » ou des gouverneurs, peuvent être cassés dans le même cas par les autorités qui ont qualité pour les confirmer. L'affaire est alors portée devant un nouveau conseil.

Les peines inférieures à une année d'emprisonnement sont subies sur place; celles qui dépassent cette limite sont purgées dans la métropole.

Toutes les pièces de procédure sont soumises à l'examen de l'auditoriat général.

14° Tribunaux d'honneur.

Il est constitué dans les troupes coloniales des tribunaux d'honneur pour les capitaines et officiers subalternes. Ils comprennent, en dehors du commandant de la troupe, au moins six officiers ayant droit de vote.

Les officiers supérieurs sont justiciables du tribunal d'honneur des officiers supérieurs du corps de la garde. Les officiers des troupes coloniales qui se trouvent en Allemagne sont traduits, le cas échéant, devant un tribunal d'honneur de l'un des corps de la garde.

L'Empereur se réserve le droit d'appeler devant un tribunal d'honneur les commandants de troupes coloniales.

Lorsqu'une information est ouverte contre un officier dans le but de le traduire devant un tribunal d'honneur, le chef compétent doit en aviser le Chancelier.

15° Droit de punir.

Les prescriptions en vigueur dans la métropole sont applicables aux troupes coloniales, avec les particularités suivantes :

Le Chancelier a le pouvoir disciplinaire d'un général commandant un corps d'armée ;

Les gouverneurs, celui d'un général commandant une division ;

Les commandants de troupe coloniale, celui d'un commandant de régiment dans la métropole ;

Les chefs d'un détachement fort au moins d'une compagnie, celui d'un officier supérieur détaché ;

Les commandants de compagnie et les chefs d'un détachement inférieur à une compagnie, celui d'un capitaine détaché.

L'officier supérieur, chef d'état-major du « Commandement supérieur » a, sur les militaires des troupes coloniales en résidence en Allemagne, les droits d'un commandant de régiment.

16° Tenue.

1). — UNIFORME DE LA MÉTROPOLE.

Sud-Ouest africain. — Officiers.

a) *Coiffure*. — Le *chapeau* est de feutre mou gris, avec ruban de soie bleu foncé ; le bord est garni d'un ruban pareil. Le côté droit du chapeau est relevé, et fixé au fond par une grosse cocarde nationale.

La *casquette* a la forme de la casquette des officiers prussiens, mais elle est d'étoffe gris clair ; le bandeau est bleu foncé ; un passepoil de même couleur entoure la partie supérieure ; sur le devant est fixée la cocarde nationale.

b) *Tunique*. — Elle a la coupe de la tunique des officiers prussiens ; elle est de couleur gris clair, avec col rabattu et parements suédois. Le col, les parements les lisérés sont de couleur bleu foncé. De chaque côté du col et sur chaque parement, il y a deux galons d'argent. Les boutons sont argentés et portent la couronne impériale.

c) *Redingote*. — De couleur gris clair, comme la tunique ; le col et les parements sont de la couleur du fond, sans galons et avec un liséré bleu foncé.

e) *Pattes d'épaules*. — Comme dans l'infanterie de marine, mais sans couronne impériale.

f) *Culotte*. — D'étoffe gris clair, avec liseré bleu foncé.

g) *Ceinturon*. — Comme dans l'armée prussienne, entremêlé de fils de soie rouge ; l'agrafe d'argent porte une couronne impériale.

h) *Sabre*. — Sabre d'infanterie du nouveau modèle ; sur la coquille, l'aigle impérial au lieu de l'aigle prussien, et sur le pommeau poli, une couronne impériale.

i) *Aiguillettes*. — Elles sont formées de deux aiguil-

lettes d'argent et d'une large tresse d'épaule se termi-
nant en aiguillette, avec pointe d'argent.

j) *Bottes.* — Grandes bottes de cuir, montant jusqu'au genou, avec tige raide, sans plis.

k) *Capote-manteau.* — Comme celui des officiers
prussiens, col bleu foncé sans liséré, boutons argentés
portant la couronne impériale.

Sous-officiers.

Le ruban et la bordure du chapeau sont en laine
bleue.

La tunique gris clair a, des deux côtés du col, un
galon de laine blanc, sur les parements, deux galons
pareils ; au bord inférieur du col et au bord supérieur
des parements, un galon plat argenté, du modèle adopté
pour les régiments de la garde. Les boutons de métal
blanc portent la couronne impériale. Sur les épaules,
des aiguillettes faites de tresses de mohair, noir, rouge
et blanc.

. Les sergents ont des deux côtés du collet un gros
bouton de métal blanc avec l'aigle impérial. Les sergents-majors portent en outre, sur chaque bras, un
large galon plat d'argent.

Le pantalon est semblable à celui de l'infanterie
prussienne ; il est de couleur gris clair, avec passepoil
bleu foncé. Les sous-officiers montés portent la culotte
comme dans la cavalerie prussienne, mais sans garni-
ture de cuir.

Les bottes sont celles de l'infanterie prussienne, à
tige molle, mais montant jusqu'au genou.

Le manteau est celui de la cavalerie prussienne, de
couleur gris clair, avec pattes de drap bleu foncé.

Soldats.

La tenue est la même, en dehors des insignes de
grade. La tunique n'a pas de galons plats au col et aux

parements. Les gefreite portent des deux côtés du collet
un petit bouton de métal blanc avec l'aigle impérial.

Dans le Togo, le Cameroun et l'Est africain, l'uniforme
est analogue à celui du Sud-Ouest; il ne s'en distingue
que par la couleur des garnitures. C'est ainsi que dans
l'Est africain, le ruban et la bordure du chapeau, le
bandeau et le passepoil de la casquette, le collet et les
parements de la tunique, le passepoil de la culotte et du
pantalon sont *blancs;* ils sont *rouges* dans le Togo et le
Cameroun.

2). — UNIFORME COLONIAL.

Officiers.

a) *Coiffure.* — Dans le Sud-Ouest africain un *chapeau*
comme ci-dessus.

Dans l'Est africain, le Togo et le Cameroun, un *casque*
en liège, recouvert de flanelle blanche, avec ruban
pareil, autour duquel s'enroule un cordon argenté ; sur
le devant du casque, une cocarde nationale allemande.

En outre, une *casquette* comme ci-dessus, sauf dans
le Sud-Ouest africain, où elle est en *cordstoff*.

b) *Tenue de campagne.* — Dans toutes les colonies, les
officiers portent une tenue de campagne en toile kakhi.

La tunique de campagne (feldrock), avec col rabattu
et parements suédois, est bordée d'un liseré de drap
bleu foncé ; elle est pourvue de poches sur le devant de
la poitrine et ornée d'aiguillettes.

Le pantalon porte un passepoil de drap bleu foncé.

Dans l'Est africain, le Togo et le Cameroun, les officiers ont, en outre, une tenue analogue en coton croisé
blanc.

Dans le Sud-Ouest, elle est en *cordstoff* (casquette,
tunique, interimrock et culotte.)

Sous-officiers et soldats.

La tenue est analogue. Cependant le casque n'a pas de cordon argenté.

Les insignes de grade sont mobiles :

Le 1er sergent-major porte sur la manche quatre galons d'argent en forme de V, la pointe en bas :

Le 2e sergent-major en a trois :

Le sergent deux ;

Le sous-officier un.

Les *gefreite* portent au collet de la tunique de campagne un petit bouton de métal blanc avec l'aigle impérial.

Pour les *engagés volontaires* d'un an, un liseré de laine noir et blanc borde les aiguillettes et les pattes du manteau.

17° Conditions dans lesquelles les sujets allemands peuvent quitter les troupes coloniales.

Les sujets allemands quittent les troupes coloniales dans les conditions suivantes :

1) Quand le temps de service qu'ils se sont engagés à y passer est expiré.

2) Avant ce moment :

a) Par inaptitude physique, quand un congé passé en Europe n'a pas amené le rétablissement du militaire.

b) A la suite d'une condamnation pour faute contre l'honneur.

c) En ce qui concerne les officiers, quand un tribunal d'honneur a prononcé une peine plus grave que la remontrance.

d) En outre, le commandant d'une troupe coloniale peut proposer le renvoi d'un militaire, quand, pour des raisons spéciales et graves, il juge qu'il ne peut plus servir aux colonies. Le gouverneur et le Chancelier apprécient les motifs invoqués.

e) Quand, pour des raisons tout à fait particulières, il y a lieu d'accorder à un militaire un congé pour l'Allemagne avant l'époque réglementairement fixée ; l'engagement contracté cesse dans ce cas avec le congé.

f) Les militaires du Sud-Ouest africain peuvent quitter la troupe coloniale, *sur leur demande* et *avec le consentement du commandant;* le commandant a en effet qualité, jusqu'à nouvel ordre, pour rompre, d'un commun accord, les engagements contractés par les sous-officiers et soldats, à la *condition qu'ils s'établissent dans la colonie.*

Cette mesure exceptionnelle pourra être suspendue par le Chancelier, dès que la situation de la troupe coloniale le permettra.

18° Réintégration dans l'armée de la métropole.

Conformément aux dispositions de la loi, les militaires des troupes coloniales sont, à l'expiration de leur engagement, *réintégrés dans l'armée de terre ou dans la marine.*

Ces réintégrations font l'objet d'une entente préalable soit avec le cabinet de l'Empereur, soit avec le ministère de la guerre, ou l'office impérial de la marine.

L'Empereur prononce la réintégration des officiers et des médecins.

Les sous-officiers, à qui le retour dans leur ancien corps a été garanti, y reviennent, mais en reprenant *l'ancienneté qu'ils avaient à leur départ* et sans qu'il soit tenu compte du grade qu'ils ont pu obtenir dans la troupe coloniale.

S'il n'y a pas de vacance, les corps de troupe font l'avance des allocations auxquelles le militaire a droit ; ils en sont remboursés à la fin de chaque mois par la *section coloniale.*

Les militaires quittant les troupes coloniales sans

rentrer dans l'armée de la métropole et encore soumis aux obligations militaires passent dans le beurlaubtenstand de l'armée ou de la marine.

19° Pensions.

Les services en Afrique ouvrent des droits à une notable augmentation de la pension de retraite.

Le temps de service est en effet compté *double* dès qu'il dépasse une période ininterrompue de six mois et qu'il n'est pas déjà compté comme campagne (une campagne équivaut à une année de service). Les colonnes dans l'intérieur peuvent, par décret impérial, être aussi comptées comme années complètes de service.

La durée de la traversée, en dehors de la Baltique et de la mer du Nord, est considérée comme temps de séjour dans les colonies.

Après une période non interrompue de trois années de service dans les troupes coloniales, chaque nouvelle année complète de service donne droit à une augmentation de pension de un *sixième*, jusqu'à concurrence du doublement de cette pension.

Après *douze* ans de services ininterrompus dans les colonies, le droit à la pension de retraite est ouvert, sans que l'intéressé soit dans l'obligation de faire valoir des raisons d'invalidité. Cependant les conditions dans lesquelles est accordé le *supplément de pension*, dont il sera question ci-après, restent les mêmes.

Les maladies chroniques, qui sont la conséquence du climat des colonies, sont considérées, pour l'évaluation de la pension de retraite, comme des infirmités contractées dans le service.

Le militaire qui, après son passage dans les troupes coloniales, est devenu incapable de servir, a droit à un *supplément de pension*. Le taux en est de 1275 francs pour les officiers-mariniers, lieutenants et capitaines, quand la partie de la solde servant à fixer la pension de retraite est inférieure à 4,500 francs ; il est de 975 francs pour les autres grades et quand les allocations précédentes sont supérieures à 4,500 francs (1).

Les droits à une pension ou à un secours pour infirmités contractées aux colonies ne peuvent être invoqués que dans les six années qui suivent le départ de la troupe coloniale. Il n'y a aucune limite de temps quand il s'agit de blessures de guerre, d'infirmités contractées dans le service extérieur ou de maladies d'yeux.

Le taux de la pension de retraite n'est pas calculé d'après la solde de la troupe coloniale, mais d'après le traitement de l'armée de la métropole.

Les veuves et enfants légitimes ont droit au traitement complet du militaire décédé pendant le trimestre qui suit le mois du décès.

Ils ont également droit à des secours quand la mort est survenue dans une action de guerre, ou qu'elle a été amenée par le climat. Dans ce dernier cas, le droit subsiste quand le décès a lieu dans les six années qui suivent le départ de la troupe coloniale.

Il est fait application de ces dispositions bienveillantes aux sujets allemands des réserves, qui viennent servir dans les troupes coloniales, en tenant compte cependant des modifications suivantes :

Le *supplément de pension* n'est accordé que pour des motifs d'invalidité, suite d'une expédition militaire ;

On ne compte *double* que le temps de service passé en expédition.

---

(1) Dans l'armée de la métropole, le supplément annuel de pension pour blessures de guerre ou infirmités contractées dans le service varie de 375 francs à 937 fr. 50.

20° Dispositions concernant les indigènes.

Les troupes coloniales sont complétées au moyen d'*indigènes* enrôlés.

Les principes adoptés pour l'établissement des contrats passés avec les indigènes provenant des colonies allemandes sont approuvés par le *gouverneur*; les enrôlements des indigènes provenant des autres régions sont soumis à l'approbation du *Chancelier*.

La réglementation du service des indigènes est déterminée par le contrat d'enrôlement.

Le *gouverneur* n'intervient dans les questions concernant les indigènes que si elles ont une importance politique.

Toute condamnation à la peine de mort doit être approuvée par le gouverneur.

Si, dans une station à l'intérieur, ou au cours d'une expédition militaire, des motifs impérieux exigent l'exécution immédiate d'une condamnation capitale, le chef intéressé doit rendre compte au gouverneur, par l'intermédiaire du commandant, du jugement ainsi que des motifs qui ont nécessité son exécution immédiate.

Dans la réglementation des punitions, il est prescrit de tenir compte des mœurs de la peuplade considérée. Les règles adoptées à ce sujet doivent avoir reçu l'approbation du gouverneur.

L'avancement des indigènes aux différents grades, ainsi que leur promotion au grade d'officier, rentre dans les attributions du commandant de la troupe coloniale.

Les grades conférés peuvent être retirés par le gouverneur.

UNIFORME.

L'uniforme des indigènes est déterminé par le Chancelier, après avis du commandant de la troupe et du gouverneur.

Dans l'Est africain, il comprend une veste et un pantalon en toile kakhi, de couleur jaune brun. La coiffure est un fez rouge, portant une enveloppe et un couvre-nuque de toile kakhi. Les indigènes portent des bas de coton et des souliers lacés en cuir; de la cheville au genou, la jambe est entourée d'une bande de flanelle bleu foncé.

Le *manteau* est remplacé par une couverture de laine.

Cet habillement a été, jusqu'ici, trouvé très pratique.

Le *sac* est celui en usage dans l'infanterie allemande.

Les officiers indigènes ont, comme insignes de grade, trois étoiles dorées sur leurs pattes d'épaules.

Les sous-officiers et gefreite se distinguent par des chevrons en drap jaune sur la manche.

Le gefreite (ombascha) en a un, le sous-officier (schanisch) deux, le sergent (bet-schanisch) trois, le sergent-major (sol) quatre; ce dernier sous-officier porte un sabre.

L'insigne des soldats formant la garde de police consiste en un aigle impérial en laiton, fixé sur le devant du fez, et une écharpe rouge.

ARMEMENT.

Les troupes coloniales ont le fusil Mauser mod. 1871, avec sabre-baïonnette court.

On se montre très satisfait de l'emploi de cette arme aux colonies.

Elle est solide et son mécanisme fonctionne régulièrement, même entre les mains des indigènes. Ceux-ci d'ailleurs entretiennent leur fusil avec un soin qui est parfois exagéré; ils en sont très fiers, et l'ornent d'amulettes de toute sorte.

Les officiers qui ont servi aux colonies ne se montrent pas partisans de la mise en service d'une arme à répétition. La discipline du feu n'est pas assez assurée dans les troupes coloniales pour que l'on n'ait pas à redouter, avec une telle arme, une consommation exagérée de munitions. Grisé par le combat, le noir tire jusqu'à ce qu'il n'ait plus de cartouches, sans qu'il soit possible de l'arrêter.

II. — Composition actuelle des troupes coloniales.

Est africain.

La troupe coloniale de l'Est africain a été constituée la première; sa création remonte au 1er avril 1891.

Lorsque le gouvernement allemand plaça la colonie sous son autorité immédiate, il devint nécessaire d'organiser régulièrement la troupe qui, sous les ordres du major Wissmann, avait réprimé la révolte des Arabes. Une troupe coloniale impériale fut constituée, dans laquelle entrèrent d'ailleurs la plupart des officiers et sous-officiers enrôlés par Wissmann et qui étaient des sujets allemands. Une grande partie des indigènes passèrent aussi dans la nouvelle formation.

Le calme semblait revenir dans la colonie; on crut possible de réduire les effectifs, qui furent fixés à 10 officiers, 32 sous-officiers et environ 1200 hommes.

Cette troupe fut répartie en huit compagnies, qui furent employées en partie à fournir la garnison des stations de la côte, d'où elles envoyaient des détachements dans les postes encore peu nombreux de l'intérieur. Le reste de l'effectif formait sur la côte un corps expéditionnaire qui devait être toujours disponible.

Les événements militaires qui suivirent l'organisation de cette troupe furent malheureux (expédition Zelewski, échec du Kilimandjaro) (1).

____

(1) Voir *Revue militaire de l'Étranger*, 2e semestre 1891, n° 719 ; 2e semestre 1894, n° 805.

L'effectif de la troupe coloniale, cadres allemands et soldats indigènes, fut successivement augmenté et il est actuellement le suivant :

ETAT-MAJOR.

Officiers :

1 commandant de la troupe coloniale ;
1 officier supérieur ;
1 lieutenant en 1er, officier d'ordonnance ;
1 médecin-major de 1re classe ;
1 médecin aide-major ;
1 payeur ;
1 aspirant payeur ;
1 chef artificier ;
2 artificiers ;
1 armurier ;
2 ouvriers armuriers ;
2 sergents d'habillement ;
4 secrétaires, dont 1 infirmier chef ;
1 sergent infirmier.

Troupe (12 compagnies)

12 capitaines ;
14 lieutenants en 1er ;
13 lieutenants ;
13 aspirants payeurs ;
12 sergents-majors ;
16 sergents ;
28 sous officiers ;
10 infirmiers chefs ;
13 infirmiers ;
8 médecins-majors ;
6 médecins aides-majors de 1re classe ;
3   —   de 2e classe ;
4 interprètes.

Soit : 43 officiers, 19 médecins, 1 payeur, 108 sous officiers ou employés.

Le personnel indigène se décompose ainsi :

L'EST AFRICAIN ALLEMAND
État du Congo
Afrique orientale Anglaise
Bukob
Lac Victoria
Mulo
Mhansa
Marangu
Mosehi
Kapampa
Udschidschi
Tabora
Kilimatindi
Tanga
I. Pemba
Pangani
Mpapua
Kilossa
I. Zanzibar
Bagamoyo
Dar-el-Salam
UVUKONDO
Lac Tanganyka
Pays du Nyassa
Ruadschu R.
I. Mafi
Iringa
Dwangire
Kiloa
Ilunda
S. Mahenge
Lindi
Lac Songea
Nyassa
Ruvuma
OCEAN INDIEN
MOZAMBIQUE
ECHELLE
0   100   200   300   400   500   600 kil.
Nota. Les localités soulignées indiquent les emplacements des Postes Militaires

12 officiers, touchant une solde moyenne de   2,540 fr.
120 sous-officiers.   1,055
1,440 soldats. { 600 Soudanais.   700
{ 840 indigènes   465

On va incorporer cette année 120 recrues, soit 10 par compagnie.

La *troupe de police* comprend 12 sous-officiers allemands détachés de la troupe coloniale, 4 lieutenants indigènes, 18 sous-officiers indigènes et 460 Askaris ; elle est répartie en détachements de 35 à 40 hommes en différents points de la côte (Tanga, Pangani, Bagamayo, Dar-el-Salam, Kiloa, Linti).

Les 12 compagnies de la *troupe coloniale* occupent les points suivants (V. le croquis) :

Etat-major et 5ᵉ compagnie. . . . .   Dar-el Salam.
1ʳᵉ compagnie. . . . .   Moschi et Marangu.
2ᵉ compagnie. . . . .   Lindi.
3ᵉ compagnie. . . . .   Kalinga.
4ᵉ compagnie. . . . .   Kilimatinde et Mpapua.
6ᵉ compagnie. . . . .   Ukonongo.
7ᵉ compagnie. . . . .   Bukoba.
8ᵉ compagnie. . . . .   Songea.
9ᵉ compagnie. . . . .   Udschidschi.
10ᵉ compagnie. . . . .   Tabora.
11ᵉ compagnie. . . . .   Bukoba et Muansa.
12ᵉ compagnie. . . . .   Mahenge.

Les compagnies comprennent en général 2 pelotons de Soudanais et un d'Askaris, leur effectif est d'environ 135 hommes et, le plus souvent, 4 sous-officiers allemands sont affectés à chacune d'elles.

Recrutement des indigènes. — Les *Soudanais* formaient la partie la plus importante de la troupe enrôlée par le major Wissmann ; ils provenaient de l'armée anglo-égyptienne, en partie licenciée après l'expédition contre le Mahdi. Le gouvernement anglais consentit à leur incorporation dans la troupe du commissaire impérial allemand, en demandant que les indigènes pourvus d'un grade le conservassent. Les Soudanais partirent volontiers pour l'Est africain, à condition d'emmener leurs femmes et leurs enfants.

Les Soudanais constituent encore aujourd'hui le meilleur élément de la troupe de l'Est africain.

Les *Zoulous*, enrôlés au début au nombre de 200 environ, possédaient de fermes qualités militaires ; mais après l'échec de l'expédition de Zelewski, ils ne consentirent pas à renouveler le contrat qui les liait au service. Il en reste encore quelques-uns qui sont de bons soldats.

Les indigènes recrutés dans la colonie (compris sous la dénomination générale d'*Askaris*) deviennent, après quelque temps de service, des soldats convenables; mais il faut compter que sur 50 Askaris enrôlés, 45 sont partis au bout d'un mois.

L'Egypte ne fournit plus autant d'éléments qu'autrefois. Le gouvernement anglais fait parfois des difficultés pour le recrutement des indigènes dans ce pays, et, d'un autre côté, on est exposé à des fraudes qu'il n'est pas possible d'éviter. L'officier, chargé des enrôlements, recrute des indigènes soit au Caire, soit ailleurs et les dirige en détachements sur Suez. En y arrivant, sur 15 indigènes visités par le médecin avant l'embarquement, on n'en trouve plus en général que 5 susceptibles de faire un bon service; il y en a 10 qui, après avoir reçu leur prime d'engagement, se sont esquivés en se faisant remplacer par des vieillards ou des infirmes. On garde tout le monde, pour ne pas encourager la fraude, et c'est ainsi qu'on a pu voir débarquer à Dar-el-Salam des recrues de la troupe coloniale manchots ou aveugles.

Cette situation d'ailleurs menace de s'aggraver et il est à prévoir que les enrôlements de Soudanais deviendront de plus en plus difficiles. La troupe coloniale devra probablement, dans un avenir prochain, renoncer à se recruter au loin et il faudra arriver à n'employer que des indigènes de la colonie.

Artillerie de la troupe coloniale. — La troupe de l'Est africain dispose d'un certain nombre de pièces d'artillerie de provenance diverse : pièces légères de campagne, modèle 1873, canons à tir rapide, canons-revolvers, pièces de montagne. Ces pièces sont réparties dans les diverses stations : le groupement le plus important est à *Dar-el-Salam*.

Budget. — Le budget de la colonie, pour 1900, est de 8,494,125 francs, en augmentation de 1,066,192 francs sur l'exercice précédent. Les dépenses militaires sont comprises dans le budget pour une somme de 2,070,975 francs ; elles ont augmenté depuis l'année précédente de 80,325 francs.

Comme on l'a vu plus haut, la solde de la troupe coloniale en général a été augmentée ; on a amélioré la situation de certains employés, afin d'en attirer de plus habiles et de mieux disposés à faire un long séjour dans la colonie. On a enfin renforcé la troupe de la colonie par l'incorporation de 120 recrues, soit 10 par compagnie.

On a installé cette année des ateliers dans les magasins d'habillement. On peut ainsi exécuter des réparations aux différentes parties de l'habillement et de l'équipement, qui étaient prématurément réformées, et réaliser de ce fait de notables économies. Pour atteindre ce résultat, on a consacré une somme de 3,000 francs aux frais d'apprentissage d'une vingtaine de jeunes indigènes, dont on fera des tailleurs, des cordonniers, des selliers, etc. Après leur apprentissage, au cours duquel ils recevront l'instruction militaire, on les répartira comme ouvriers dans les compagnies

Le crédit de 310,000 francs au titre des expéditions a
été rétabli cette année ; il servira non seulement à cou-
vrir les dépenses des expéditions, mais encore à payer
les frais de relève du personnel allemand, à allouer des
indemnités de nourriture et des gratifications aux militaires employés à la construction des routes, à acheter
des chevaux de selle et de trait.

Il est alloué, en 1900 :

Pour les pensions et suppléments de pension.	129,525 fr.
Soit une augmentation de.............	12,555
Pour les secours aux veuves et orphelins...	2,725
Soit une augmentation de.............	820

Cameroun.

La *troupe de police*, primitivement organisée au Cameroun, fut bientôt reconnue insuffisante, et, dès 1894, une
troupe coloniale fut créée. Son effectif, fixé primitivement
à 200 hommes, fut bientôt porté à 300 hommes, pour
tenir en respect quelques tribus qui s'agitaient et protéger les plantations qui se développaient dans une
large mesure. Le budget de 1899 avait prévu l'augmentation de la troupe coloniale, qui devait comprendre
deux compagnies de 200 hommes. Le récent budget
réalise un nouveau renforcement, en donnant à la troupe
coloniale du Cameroun la composition ci-après :

1° ÉTAT-MAJOR :

1 commandant ;
1 officier d'ordonnance ;
1 médecin-chef ;
1 médecin-major de 2e classe ;
1 médecin aide-major ;
1 aspirant payeur ;
1 sous-officier secrétaire ;
1 ouvrier armurier.

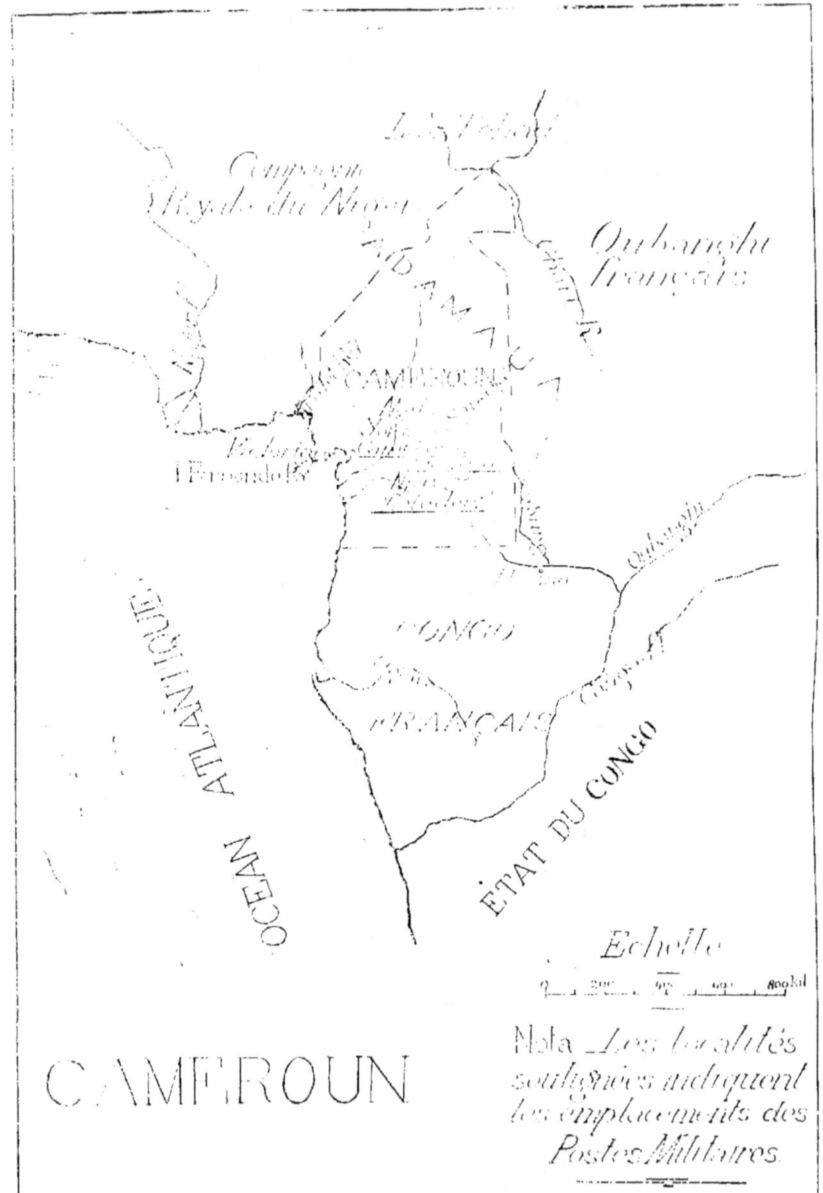
Cameroun
Moyen du Niger
Lac Tchad
Oubanghi
Français
ADAMA
CAMEROUN
Fernando
OCEAN ATLANTIQUE
CONGO
FRANÇAIS
Oubanghi
ETAT DU CONGO
CAMEROUN
Echelle
0 200 400 600 800 kil
Nota — Les localités
soulignées indiquent
les emplacements des
Postes Militaires.

2ᵉ CADRE DE COMPAGNIE (deux compagnies) :

1 capitaine de 1ʳᵉ classe;
1 capitaine de 2ᵉ classe;
2 lieutenants en 1ᵉʳ ;
6 lieutenants;
15 sous-officiers et 4 infirmiers (1).

3° INDIGÈNES :

60 gradés ;
508 hommes.

Leur entretien coûte 360,000 francs.

La *troupe de police*, qui vient d'être renforcée de
50 hommes, pour protéger plus efficacement l'exploitation des plantations, comprend 150 hommes, dont 75
à Cameroun, 80 dans le cercle de Victoria, et 25 dans
d'autres stations.

Les succès obtenus récemment par la troupe coloniale,
et notamment le renversement du sultan de Tibati, l'abo-
lition de l'esclavage dans les régions soumises, ont ouvert au commerce une route vers le riche territoire
d'Adamaoua. Le gouvernement allemand estime que,
pour maintenir les résultats acquis, il faut avoir recours
à un certain déploiement de force militaire sur le théâtre
des anciens combats et établir de solides points d'appui
sur les points les plus importants des districts, toujours
agités. Dans ce but, et pour qu'il y ait toujours des forces
disponibles pour une expédition, on a renforcé la troupe
coloniale d'une centaine d'hommes. Elle comprend donc
maintenant deux compagnies de 250 indigènes.

Le budget de 1900 s'élève à la somme de 2,974,625

____

(1) On a augmenté les cadres de la troupe coloniale d'un médecin-
chef, de 2 lieutenants, 3 sous-officiers et 1 infirmier.

francs, présentant une augmentation de 832,875 francs sur le budget précédent.

L'entretien des cadres de la troupe coloniale absorbe 251,875 francs, soit 43,625 francs de plus qu'en 1899;

Les pensions et suppléments de pension, 17,330 francs, soit une augmentation de 1080 francs sur l'année précédente.

Togo.

Il n'y a eu jusqu'ici au Togo qu'une *troupe de police* de 150 hommes environ.

L'année dernière, on avait projeté de la transformer en *troupe coloniale*, mais il vient d'être décidé que l'on attendrait la solution des questions pendantes relatives à la délimitation des frontières. C'est, en effet, à ce moment-là seulement que tous les détails d'organisation de la troupe coloniale pourront être réglés.

La colonie est d'ailleurs tout à fait tranquille et son gouverneur n'a même pas utilisé le crédit ouvert en 1899 pour le renforcement de la troupe de police, qui devait être augmentée de 100 hommes; il ne prévoit même pas qu'il puisse être amené à recourir à un renforcement prochain. La troupe de police reste donc à l'effectif de 150 *hommes*, avec des cadres européens, qui comprennent :

1 commandant de la troupe, du grade de lieutenant ;
1 lieutenant ;
3 sous-officiers ;
1 infirmier ;
1 ouvrier armurier.

Il y a, sur l'année précédente, une diminution de :

1 lieutenant ;
5 sous-officiers.

Le budget de la colonie s'élève à la somme de 937.500 francs ; l'entretien des cadres allemands, coûte 40.875

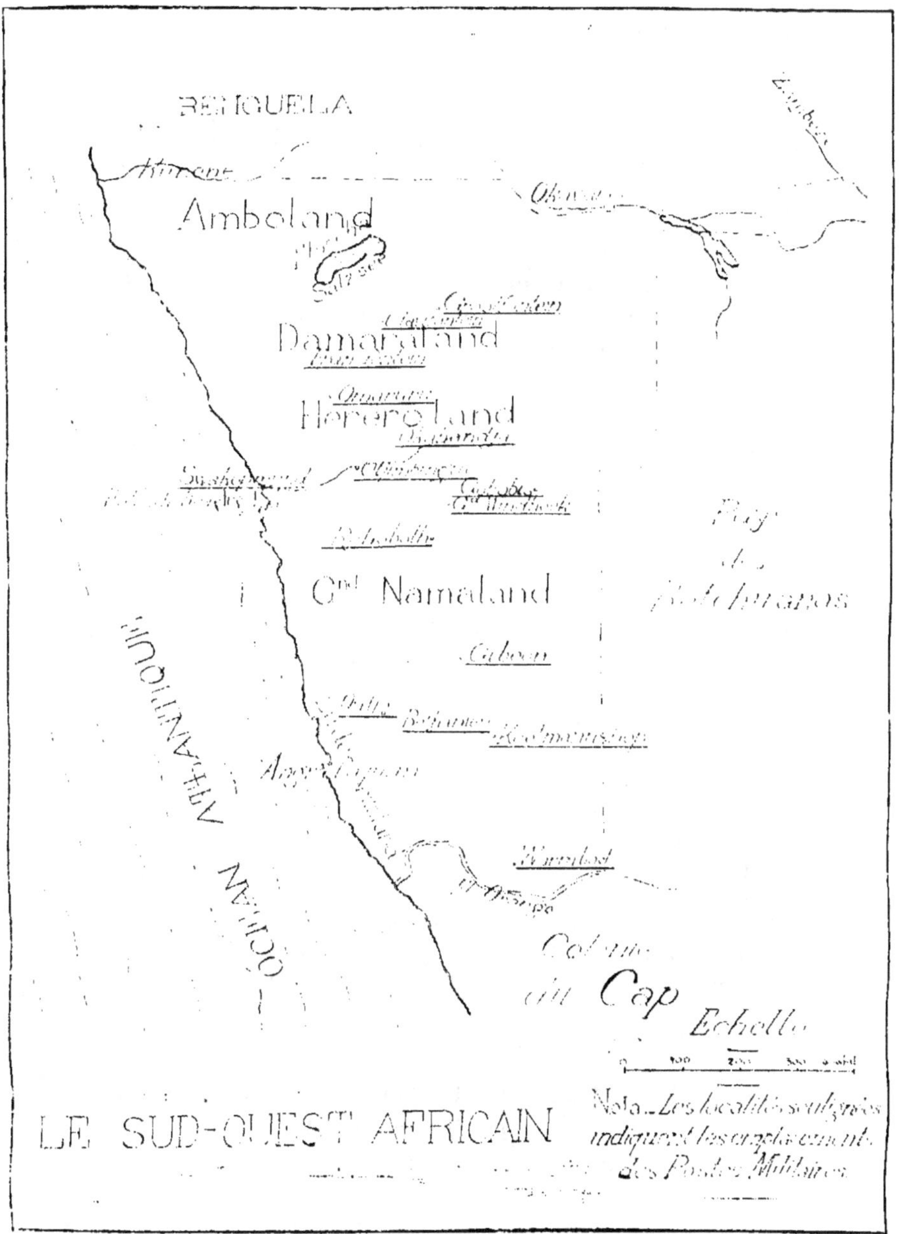
BENGUELA
Cunène
Okavango
Amboland
Damaraland
Hereroland
G^ce Namaland
Gibeon
Keetmanshoop
Warmbad
OCÉAN ATLANTIQUE
Colonie du Cap
Échelle
Nota.—Les localités soulignées
indiquent les emplacements
des Postes Militaires
LE SUD-OUEST AFRICAIN

francs, avec une diminution de 17,875 francs sur l'exercice précédent; celui des indigènes de la troupe de police, 75,000 francs.

Sud-Ouest africain.

La *troupe coloniale* du Sud-Ouest africain a été constituée le 11 juin 1894 ; elle comprenait 14 officiers et 540 hommes. Son chef était le major Leutwein, qui remplissait en même temps les fonctions de commandant du territoire (Landeshauptmann), ayant auprès de lui un officier supérieur pour le suppléer en cas de besoin dans le commandement de la troupe.

Effectifs. — La composition actuelle de la troupe coloniale est la suivante :

1 officier supérieur, suppléant du commandant ;
1 officier d'ordonnance ;
1 capitaine de 1re classe ;
4 capitaines de 2e classe ;
12 lieutenants en 1er ;
14 lieutenants ;
1 médecin-chef ;
2 médecins-majors de 1re classe ;
3 médecins-majors de 2e classe ;
2 aides-majors ;
1 vétérinaire ;
1 aide-vétérinaire ;
1 aspirant payeur ;
1 artificier ;
1 ouvrier armurier ;
16 sergents-majors touchant une solde de. 1875 fr.
49 sergents   —   —   1625
77 sous-officiers   —   —   1500
178 gefreite   —   —   1375
370 soldats   —   —   1250

et la nourriture gratuite.

Dans l'administration civile sont détachés : 17 sous-officiers (2 sergents-majors, 5 sergents, 10 sous-officiers) et 20 soldats (6 gefreite, 14 soldats).

L'entretien des indigènes de la troupe coloniale s'élève à la somme de 62,000 francs.

Tous les sujets allemands de cette troupe ont droit au logement en nature.

Organisation. — La troupe coloniale du Sud-Ouest africain comprend quatre compagnies, une batterie de campagne et une section d'ouvriers. Comme on l'a vu plus haut, en raison des grandes distances à parcourir, l'infanterie est montée.

La répartition des unités était la suivante, en 1899 :

État-major, 1re batterie de campagne, section de campagne..................	Gal Windhoek.
2e compagnie......................	Omaruru.
3e compagnie......................	Keetmanshoop.
4e compagnie......................	Outjo.

Avec détachements à Swakopmund, Otjimbwe, Otavifontein, Okahandja, Gobabis, Gibeon, Rehoboth, Grootfontein, Franzfontein, Warmbad et Bethanien.

Le *dépôt de chevaux*, qui avait été organisé dans la colonie, vient de subir une véritable transformation : il comprend maintenant le haras principal, le dépôt de chevaux et la station. En 1899, il est né au haras 47 poulains et 42 pouliches, et il a été livré à la troupe coloniale 70 chevaux. Le dépôt comprend, pour le moment, 1162 chevaux et 220 poulains, et, en outre, 350 mulets et 1050 bœufs.

Recrutement. — La troupe coloniale du Sud-Ouest africain compte de nombreux sujets allemands non gradés, provenant, soit de volontaires de la métropole, soit de colons satisfaisant sur place aux obligations militaires.

Dans le courant du mois de février 1900, l'empire allemand a envoyé dans la colonie 74 soldats et 300 en mai.

En 1899, 350 hommes ont été libérés, et sur ce nombre, *113 se sont fixés dans la colonie.*

Durant l'année 1899, la colonie n'a fait aucune expédition ; elle n'a eu qu'à réprimer quelques vols, accompagnés de meurtre, commis par des bandes hottentotes.

Budget. — Le budget de la colonie s'élève à la somme de 10,217,900 francs.

L'entretien des sujets allemands de la troupe coloniale absorbe 1,317,440 francs, soit 1000 francs de plus qu'en 1899.

Les pensions et suppléments de pension s'élèvent à la somme de 113,750 francs, en augmentation de 48,750 francs sur l'année précédente ; les secours aux veuves et orphelins n'absorbent que 790 francs.

L'État a donné à la colonie, pour 1900, un secours de près de 9 millions, dépassant même de 350,000 francs celui qui avait été alloué pour 1899. Cette importante subvention est surtout destinée à la construction de voies ferrées.

L'an dernier, un crédit de 31,000 francs avait été alloué pour faciliter l'émigration de jeunes filles allemandes, qui s'engageaient à rester deux années dans la colonie. On voulait ainsi combattre les inconvénients qui résultaient de l'union des colons allemands avec les femmes indigènes ; plusieurs départs ont eu lieu, et l'on attend les meilleurs résultats de cette mesure, qui est sans doute appelée à profiter dans l'avenir à la troupe coloniale du Sud-Ouest africain.

Durée de séjour des officiers allemands dans la troupe coloniale; leur provenance.

(SITUATION EN 1898.)

Est africain.

Parmi les officiers qui servent dans cette colonie, 5 appartiennent à la troupe coloniale depuis sa formation (avril 1891). Ce sont tous des commandants de compagnie. Un autre officier y est entré dans le courant de la même année.

4 sont dans la colonie depuis 1893 :
7   —   —   1894 :
5   —   —   1895 :
8   —   —   1896 :
9   —   —   1897 :
5   —   —   1898.

L'armée prussienne a fourni 34 officiers, l'armée saxonne 2, l'armée wurtembergeoise 1, l'armée bavaroise 6.

La répartition par arme est la suivante :

Infanterie	29
Chasseurs	3
Cavalerie	2
Artillerie de campagne	4
— à pied	2
Pionniers	3
Troupes de chemins de fer	1

Cameroun.

Les officiers qui comptaient dans la troupe coloniale du Cameroun en 1898 y étaient entrés aux époques suivantes :

1 en 1894 :
1 en 1896 :
3 en 1897 :
3 en 1898.

Sud-Ouest africain.

La troupe de la colonie comptait, en 1898, 28 officiers qui y appartenaient :

> 7 depuis la création (juin 1894) ;
> 2 depuis 1895 ;
> 15 depuis 1896 ;
> 1 depuis 1897 ;
> 3 depuis 1898.

Le grand nombre d'officiers arrivés dans le Sud-Ouest africain en 1896 correspond à l'augmentation d'effectif qui a été prescrit dans le courant de cette année.

> 20 proviennent de l'armée prussienne ;
> 1   —   de l'armée saxonne ;
> 1   —   de la marine.

RÉSUMÉ

Les points essentiels sur lesquels repose l'organisation des troupes coloniales peuvent se résumer ainsi :

1. — Les troupes coloniales de protectorat (*Schutztruppen*) sont constituées au moyen d'*indigènes* enrôlés, encadrés par des *officiers et des sous-officiers allemands*.

(Exception est faite pour le Sud-Ouest africain, dont la troupe coloniale comprend des sujets *allemands non gradés*, provenant soit de volontaires de la métropole, soit de colons accomplissant leur temps de service réglementaire.)

2. — Ces troupes ne dépendent ni du ministère de la guerre, ni de l'office impérial de la marine. Elles sont sous l'autorité directe du *Chancelier*.

Le gouverneur (1) de chaque colonie dispose de la troupe qui y est stationnée.

3. — Les dépenses d'entretien sont à la charge du budget de chaque colonie (budget des affaires étrangères).

4. — Tous les sujets allemands entrent dans les troupes coloniales *sur leur demande;* ils *choisissent* la colonie dans laquelle ils désirent servir; ils contractent des engagements *renouvelables* qui déterminent la durée de leur séjour dans la colonie; ils *rentrent ensuite* dans l'armée de la métropole.

5. — Les prescriptions qui règlent l'entrée des militaires allemands dans les troupes coloniales montrent la préoccupation de n'y admettre que des sujets physiquement bien doués, et possédant de sérieuses qualités militaires.

6. — Le service dans les troupes coloniales ne donne pas droit à un avancement spécial. L'Empereur dispose de l'avancement des officiers, qui, d'une manière générale, est réglé d'après l'*ancienneté dans la métropole.*

L'avancement des sous officiers est réservé au commandant de la troupe de chaque colonie; mais, à leur retour dans leur ancien régiment de la métropole, les sous-officiers *reprennent le rang d'ancienneté* qu'ils avaient avant leur départ.

7. — Le service colonial ne procure que *des avantages*

---

(1) Il y a lieu de faire remarquer que dans les deux colonies où l'effectif de la troupe coloniale présente une certaine importance (Est et Sud-Ouest africains), le gouverneur est un officier en activité de service.

Le Cameroun, dont la troupe ne compte que 2 compagnies, a un gouverneur civil.

pécuniaires dans le présent et dans l'avenir : la solde, qui vient d'être améliorée est doublée, triplée même pour les lieutenants et la pension de retraite est notablement augmentée.

8. — L'effectif total des troupes coloniales employées en Afrique est d'environ 3,800 hommes. Les dépenses relatives à leur entretien sont inscrites au budget pour une somme de 4,178,465 francs.

PARIS. — IMPRIMERIE R. CHAPELOT ET Cⁱᵉ, 2, RUE CHRISTINE.

PARIS. — IMPRIMERIE R. CHAPELOT ET Cᵉ, 2, RUE CHRISTINE.